Com a palavra, as pretas

Biblioteca Africana

Conselho de orientação:

Kabengele Munanga

Edson Lopes Cardoso

Sueli Carneiro

Luciane Ramos-Silva

Tiganá Santana

Awa Thiam

Com a palavra, as pretas

Tradução:
César Sobrinho

Sumário

Prefácio à edição brasileira — Com a escuta, as mulheres,
por Mônica Mendes Gonçalves   7

Prefácio à reedição francesa (2024), por Mame-Fatou Niang   19

COM A PALAVRA, AS PRETAS

PARTE I **As palavras das pretas**   43

PARTE II **Dos males das mulheres negro-africanas**   101

1. A clitoridectomia e a infibulação   107

2. A poligamia institucionalizada   148

3. A iniciação sexual   164

4. O branqueamento da pele: O mal "negro" da
segunda metade do século xx   171

PARTE III **Feminismo e revolução**   179

CONCLUSÃO **O que propor às mulheres pretas**   209

Anexo: Prefácio à edição original (1978), por Benoîte Groult   217

Notas   227

Referências bibliográficas   229

Prefácio à edição brasileira
Com a escuta, as mulheres

NÃO DEVE PASSAR DESAPERCEBIDA a maneira como a antropóloga, professora e escritora senegalesa Awa Thiam escolhe relatar as histórias que compõem seu livro *Com a palavra, as pretas*: a partir de narrativas em primeira pessoa. Embora não tenha sido adotado com exclusividade, esse formato está presente em grande parte do livro. As consequências dessa opção, que se consubstancia no título, são boas: ouvimos relatos vivos, flagrantes e pungentes, de grande impacto. Além disso, produzem-se biografias que materializam o trânsito dialético entre os planos universal e singular da vida como instâncias indissociáveis. Nesse sentido, a autora mostra sagacidade na adoção de um método que permitiu, com uma amostra pequena de casos específicos e histórias particulares, desnudar parte da história de alguns Estados africanos, os efeitos internos das políticas neocoloniais, assim como o papel dos dispositivos de gênero enquanto fronteira ou esteio em que conflitos macroeconômicos e locais são depositados e negociados, fenômenos sociais de relevância. Ao propor essas narrativas como elo entre os sujeitos e a estrutura social, Thiam politiza a experiência subjetiva dessas mulheres e provoca que suas ações não sejam significadas simplesmente como expressão de uma posição pessoal, mas como resposta mediada às possibilidades históricas de ação.

São muitos os artifícios para não enxergar isso e a insubmissão que reivindicam com greves de fome, rompimento de laços familiares, divórcios ou preguiça. Ver esse grupo de mulheres como submisso significa negar a determinação social e a concretude a partir das quais elas agenciam o enfrentamento desses sistemas de dominação, numa atividade criativa de apropriação e objetivação da vida nas condições social, temporal e geograficamente determinadas. Com este livro, assistimos às diversas saídas levantadas em uma sociedade radicalmente estruturada para extrair valor da máxima exploração física e existencial dessas sujeitas. Sendo assim, a escolha da narrativa em primeira pessoa permite, ainda, retratar a diversidade.

Nos testemunhos dessas mulheres, procedentes de diferentes regiões da África negra, algumas anônimas e outras nomeadas, observam-se distintas atitudes e desfechos diante da condição histórica partilhada. Mesmo em condições adversas, elas fazem escolhas, evidenciadas em histórias de abandono, mentiras, recusa sexual, amantes, casamentos, submissão, relacionamentos extraconjugais e sentimentos de resignação, esperança, indignação e revolta. Nessas histórias, vemos mulheres que, frente à tomada de consciência da própria condição, se calam ou não diante de seus pares masculinos, silenciam como tática de obediência ou de punição, rompem arranjos matrimoniais fundados na humilhação a partir da fuga, outras que, através da fuga, celebraram o matrimônio com quem desejavam. São sujeitas que, como Thiam define, acabam por "fazer do limão uma limonada", forjando nesses

Prefácio à edição brasileira 9

gestos, afetos e, às vezes, no apagamento modos idiossincráticos de preservação.

Logo na primeira seção, nomeada "As palavras das pretas", são retratadas histórias de casamentos compulsórios, fugas, recusa sexual, divórcios, trabalhos intensos, hierarquias familiares, arranjos matrimoniais equânimes, brigas conjugais, estudos e incursões intelectuais, solidariedade. A partir dos relatos, constrói-se um quadro sobre o lugar que as mulheres ocupam nessas sociedades, sua posição nas esferas conjugal, familiar, dos estudos, do trabalho, da política e da economia. Os imbricamentos entre a estrutura colonial, racista e patriarcal e um ordenamento social que restringe a atuação dessas mulheres, confinando-as à casa, a regimes de trabalhos manuais pesados e à insuficiência financeira, limitam suas possibilidades de ação e voz. Thiam expõe com radicalidade a interseccionalidade de gênero, raça e classe na produção da violência: os relatos evidenciam como a sobreposição dessas opressões, intrínseca à dominação colonial, se operacionaliza na brutalidade contra essas mulheres.

Embora haja uma multiplicidade de narrativas e circunstâncias, elas se congregam sob a análise que Thiam faz da configuração da violência enfrentada por essas mulheres. Cenas de brutalidade aparecem de maneira mais direta e inequívoca na segunda seção, "Dos males das mulheres negro-africanas", em que algumas passagens chocam pela crueza e pelo desamparo. Nela, Thiam aborda de forma aberta e explícita quatro temas tabus: a poligamia institucionalizada e algumas de suas expressões e tratos; a clitoridectomia, entre variações de excisão clitoriana, e a infibulação, como práticas de mutilação genital, conforme ela defende que sejam nomeadas;

os ritos de iniciação sexual e preparação para o casamento entre as meninas e mulheres da África negra; e, por último, o impulso ao embranquecimento vigente nessas sociedades e os artifícios usados para "desempretecer" a tez.

Um dado implícito merece atenção. Thiam escolhe unir em um único capítulo os diferentes sofrimentos impingidos. Ao analisar sob um único diapasão tradições que poderiam expressar diferentes classes ou patamares de opressão, colocando a coerção à excisão clitoriana e o embranquecimento no mesmo plano analítico, ela emite uma mensagem: ao mesmo tempo que recrimina qualquer modalidade e dispositivo de sujeição que cerceie as possibilidades de existência autônoma dessas mulheres, avisa que o moralismo e outras ferramentas da colonialidade, que assumem esses fatos sociais como rituais bárbaros atuados por povos incivilizados — leitura que reproduz uma imagem de África bárbara e primitiva —, não devem guiar a escuta, a análise ou o debate sobre eles.

Nessa perspectiva, são narrados acontecimentos que poderiam ser descritos a um só tempo como puro horror, cuidado ou tradição. A autora busca as origens econômicas, socioculturais e religiosas dessas práticas. Conclui que nem vantagens econômicas, nem as liturgias religiosas e tampouco a necessidade de manutenção da cultura poderiam justificar a imposição da poligamia institucionalizada e exclusiva para os homens, ou os ritos que pretendem assegurar a abstinência sexual das mulheres, muito menos que suas genitálias sejam laceradas. Nesse sentido, aponta um certo absurdo no ódio dirigido às mulheres, que nunca pode ser completa ou racionalmente explicado por quaisquer argumentações ou fundamentos que supõem justificá-lo.

Prefácio à edição brasileira

Assim, se evidencia a posição teórica e política de Thiam. Seria lógico, então, apresentar *Com a palavra, as pretas* como um expoente do feminismo negro-africano, que se traduz de forma radical, insurgente e contra-hegemônica e alia as lutas das mulheres negras africanas às lutas de libertação dos países africanos no contexto neocolonialista. Ao mesmo tempo, a interseccionalidade é uma marca da qualidade inaugural da proposta crítica de Thiam, revelando a engenhosidade da autora, cuja reflexão tem por matriz esse paradigma que somente muitos anos depois foi de tal maneira formalizado nas ciências sociais e humanas que ganhou status de método. Apesar de ter sido sistematizado por Kimberlé Crenshaw e de ser frequentemente associado a feministas negras estadunidenses, como Audre Lorde, Patrícia Hill Collins e bell hooks, o trabalho de Thiam mostra que o feminismo negro, enquanto matriz de pensamento, não deve estar associado exclusivamente aos movimentos do norte global. A coincidência cronológica entre a ascensão desse paradigma nas décadas de 1970 e 1980 nos Estados Unidos e o trabalho de Thiam, junto a outros do feminismo negro-africano, comprova o intercâmbio entre os autores da diáspora negra e a radicalidade como um pressuposto, que aparece como resultado da experiência objetiva de negros e negras frente aos projetos de dominação econômica, política, social e intelectual vigentes.

Outro aspecto valioso é a perspectiva antropológica. Desse aspecto, o livro pode ser considerado um documento etnográfico poderoso e, novamente, subversivo. Por meio de conteúdos colhidos por meio de entrevistas individuais e em grupo, analisados junto a observações e estudos teóricos, Thiam permite vislumbrar um contexto cujas particularidades têm sido profundamente mistificadas e desumanizadas, apesar de pouco conhecidas. Através de um vocabulário novo, ou apenas supostamente conhecido — revelado em expressões como coesposa, infanticídio, *xala*, autoridade, infibulação, *Hadith*, ciúme, *pagne*, dote, Deus-Pai, silêncio e divórcio —, ela informa uma gramática social a ser apreendida, com suas próprias normas, regras, formas, costumes e *habitus*.

Pode parecer óbvio Thiam colocar luz sobre a dor, já que o livro trata das violências a que mulheres da África negra têm sido submetidas. Todavia, a historiadora Arlette Farge alerta que esse é um fato raro. O sofrimento tem sido recorrentemente subtraído de registros, análises, documentos e discursos, embora deva ser entendido como acontecimento histórico e tratado como objeto de investigação da história e de outras disciplinas. Eventos importantes que levam a sofrimentos sociais, físicos e políticos têm sido narrados excluindo-se essa dimensão.

Para Farge essa subtração, que passa por esconder as palavras que exprimem o sofrimento, tem propósitos políticos definidos. Primeiro, encobrir o laço entre violência e poder do qual ele emerge, e também porque é na omissão da dor que esse enlace que a produz encontra meios para se perpetuar. Na contramão disso, Thiam faz deste livro um registro aberto do indesejado e do obsceno, expondo o sofrimento como parte do curso histórico. Ao tornar a dor objeto de reflexão, ela a rejeita como um dado inevitável do mundo e a considera efeito de escolhas políticas, assim como confronta aqueles que têm legitimidade para exercê-la, tarefa tão importante quanto corajosa, que Thiam realiza pioneiramente através da voz dessas narradoras.

Prefácio à edição brasileira 13

O que também marca o texto do começo ao fim, seja como princípio ou como efeito de pensamento, é a contradição. Assim, vemos Thiam arquitetar a ideia de que a poligamia tem fins econômicos — para depois destruí-la. Vemos as mulheres brancas europeias e os homens negros africanos sendo instituídos como aliados — e depois destituídos desse lugar. A contradição fica patente ainda na denúncia das mulheres negras como estrato sobre o qual se dirigem esses regimes imbricados de dominação, mas também como executoras desses ritos e práticas violentas, encarregando-se de sua transmissão de uma geração a outra. Há contradição no fato de que a infibulação é, ao mesmo tempo, uma prática tradicionalista e a atividade remunerada de um segmento descapitalizado e igualmente vulnerabilizado, como mulheres pobres e mais velhas. Vemos a contradição na significação da autoridade exercida pelas figuras paternas e mais velhas, ora ponderadas como fonte de sabedoria e confiança, e por isso amadas, ora tratadas como fonte de terror, e nem sempre por isso odiadas. A contradição está também nas interpretações a respeito da excisão, compreendidas por algumas mulheres como ação propositada e por outras como violência inominável. A interpretação dessa e de outras práticas de sujeição como conservadoras e insurgentes também denota contradição, já que o zelo por certos ritos impõe ao grupo um estatuto de violência intolerável e, simultaneamente, faz frente ao aniquilamento simbólico e cultural e à desumanização impetrada sobre ele pelos sistemas coloniais.

Esse pensamento radicalmente dialético e contraditório aparece nas duas últimas seções do livro, que compõem um novo trânsito, entre particularidade e universalidade, a partir do qual Thiam descreve a condição das mulheres negras africanas e as possibilidades de suplantá-la.

Na terceira parte do livro, "Feminismo e revolução", a autora retoma os sistemas coloniais como base histórica, social e econômica da exploração. Reivindicando a condição particular das mulheres negras africanas como síntese precisa da civilização ocidental, na medida em que impõe um modelo civilizatório que é marcado pela colonialidade, pelo racismo e pelo sexismo, ela evidencia que tanto mulheres brancas europeias como homens negros africanos falharam miseravelmente em solidarizar-se com as mulheres negras africanas. As primeiras, em detrimento da opressão de gênero partilhada, pelo fato de se orientarem por uma visão colonial e a-histórica, que as coloca em lugar de superioridade frente às mulheres negro-africanas e as faz julgá-las submissas, passivas e pueris. Os segundos por se apoiarem em dispositivos de gênero para apartar-se dessas mulheres, negociando assim pequenas vantagens materiais ou simbólicas a partir do silenciamento delas, abstendo-se da condição racial partilhada como negros africanos em um mundo ainda organizado pela herança colonial.

Todavia, na "Conclusão" Thiam faz uma proposição que reporta à universalidade dessas mulheres, sobretudo, como gênero humano, e de suas lutas. Primeiro cita a luta histórica de outras mulheres negras da diáspora, depois a necessidade de solidariedade entre todas as mulheres de todas as raças, classes e origens. Para ela, ainda que de modos desiguais, todas as mulheres estão submetidas ao patriarcado. Em vista disso, propõe que a conscientização e a solidariedade, necessárias à superação da dominação de gênero, sejam orientadas

Prefácio à edição brasileira 15

por uma alteridade que permita às mulheres se reconhecerem, simultaneamente, iguais e desiguais, diferentes mas irmanadas. E, embora reivindique pioneirismo das mulheres negras nesse processo, compreende que somente a luta "coletiva e internacional" pode mudar a condição das mulheres da África negra e a condição da mulher no mundo. Daí sua aposta na "conscientização aguda da condição feminina" e na práxis coletiva constante e insistente. Ela aposta na alteridade como potência de unificação na busca por outra humanidade, fora da colonialidade, do sexismo e do racismo.

Com isso, não se encontram bodes expiatórios a quem imputar de maneira direta e causal a condição dessas mulheres, tampouco redentores para transpô-la facilmente. Ao colocar em questão todos os sujeitos e segmentos a partir dos quais se objetiva a violência contra essas mulheres, Awa Thiam aponta a complexidade dessa conjuntura e de seu enfrentamento político — e acaba por romper com discursos que, no desejo de transformação, idealizam uma África uníssona, unida e matriarcal. Assim, mergulha em uma forma sofisticada e destemida de pensamento complexo, pouco comum ou usual atualmente, quando binarismos assumem lugar de radicalidade. Thiam lembra que soluções reducionistas não trarão mudanças, as quais dependem de uma revolução para acontecer, e ousa recolocar o debate sobre a ação política em marcos de reflexão-ação cada vez mais abandonados.

Quase cinquenta anos depois de seu lançamento, este livro ainda é urgente. Mas nem todas as razões que fazem Thiam e seu trabalho ainda hoje necessários e atuais são boas. As práticas de sujeição que submetem meninas e mulheres da África negra seguem vigentes e mudanças flagrantes nessas sociedades não levaram à abolição desses costumes. Em conformidade com tal descompasso, o tema segue negligenciado nas agendas feministas, cada vez mais disseminadas, de todo o mundo. Com exceções aos debates encampados por feministas brancas do norte global, cuja aproximação com o tema se dá esporadicamente sob uma perspectiva racista e colonial, as especificidades da luta de mulheres negras africanas seguem quase silenciadas ou não ouvidas.

Para as mulheres do Brasil, o livro chega com a função de espelho e bússola, por permitir conhecer e reconhecer as histórias de mulheres negras africanas. Embora a colonialidade dificulte que nos enxerguemos nelas e conheçamos suas obras, estamos profundamente aproximadas pela diáspora e identificadas pelas marcas do racismo e do sexismo contra as mulheres em sociedades que se forjaram da colonização e hoje ocupam a periferia do capitalismo. Em todas essas sociedades, vemos as mulheres negras serem expropriadas de condições dignas de existência e saúde. Tanto lá como aqui, observa-se o rebaixamento delas à sua genitália, como uma redução metonímica ao papel de fêmea reprodutora. Se lá essa operação se dá através da infibulação, aqui o mesmo fenômeno acontece pela negação do direito ao aborto, com uma maior vulnerabilidade das mulheres negras. Se lá a poligamia institucionalizada confina as mulheres à vida doméstica como centro exclusivo de suas vidas e as aprisiona ao trabalho braçal, restringindo ou impedindo o acesso à educação formal, aqui temos o preterimento afetivo e a manutenção do éthos escravagista no trabalho doméstico para realizar essa função.

Os dados recém-publicados de uma pesquisa desenvolvida pelo Data Senado em colaboração com o Observatório de

Prefácio à edição brasileira

Violência contra a Mulher apontaram que 80% das mulheres negras moram com seus agressores, mostrando que, considerando-se classe, raça e gênero, elas compõem o grupo menos independente economicamente, uma consequência direta da hipossuficiência na renda. Aqui, somos minoria em todos os níveis de escolaridade e estamos em ocupações massivamente ligadas à economia do cuidado, funções mal-remuneradas pela articulação entre as atividades que encerram e as sujeitas que as exercem, uma herança de longo prazo da escravidão atualizada pela reprodução do racismo. Recentemente, a vida das mulheres e meninas brasileiras está ameaçada também por uma ascensão do conservadorismo. Com isso, direitos já adquiridos, como o aborto em caso de estupro ou de risco de vida para a mulher, vêm sendo ameaçados. Vale lembrar que as meninas e mulheres negras são as principais vítimas de violência sexual no país, mas os discursos em que esses ataques se baseiam não se constrangem em opor o direito à vida desde a concepção ao direito à saúde, à dignidade e à vida dessas mulheres.

Por conseguinte, se estabelece uma conjuntura que circunscreve a pauta das mulheres ao campo da saúde. Thiam não deixa de mencionar que um número significativo de meninas e mulheres morrem de complicações decorrentes da clitoridectomia. Maiores são os índices das que, tendo sobrevivido a essas práticas, têm a saúde e a vida permanentemente prejudicadas pela realização desses procedimentos: perda do prazer, incômodo e desconforto sexual, dificuldade ao urinar, infecções recorrentes. Não deve ser tomado como coincidência que a maior taxa de mortalidade materna no Brasil esteja entre as mulheres negras, ou que elas sejam as maiores vítimas de intervenções desnecessárias no parto e de violência obstétrica: são mostras da estrutura de violência e desamparo que organiza a biografia das mulheres negras em todo o mundo.

Neste livro, Awa Thiam suscita o engajamento na escuta dessas mulheres, tornando audíveis suas vozes em um mundo organizado para promover seu silenciamento ou interditar-lhes a escuta. Logo, se trata menos de imputar uma consciência a elas e mais de incitar um trabalho que crie novas mediações para conscientização e mudança das condições objetivas, de forma a coletivizar alternativas concretas de existência fora do espectro da dominação para as mulheres que, tendo sobrevivido, puderam contar suas histórias.

Mônica Mendes Gonçalves

Mônica Mendes Gonçalves é psicóloga, com experiência em dispositivos de diferentes níveis de atenção do sus. É mestre e doutora em ciências pela Faculdade de Saúde Pública da usp. Pesquisa relações raciais na saúde, com ênfase em discriminação racial e branquitude na saúde pública.

Prefácio à reedição francesa (2024)

Tata Awa,*

No dia em que as Éditions Divergences me contataram para compartilhar este projeto de reedição de *Com a palavra, as pretas*, eu tinha enviado algumas horas antes um PDF de seu ensaio para Cynthia, a quem nosso amigo em comum Maboula sussurrara "Mame certamente deve tê-lo". Feliz coincidência? Não, na verdade não.

Durante meus anos de doutorado na Louisiana (2007-12), uma piada estava circulando na universidade: se houvesse um prêmio para o documento mais compartilhado entre estudantes e certos círculos ativistas, seu livro ganharia sem dúvida. Transmitida de uma geração de doutorandos para outra, essa constatação escondia uma amarga realidade: seu texto, que foi verdadeiramente a base do feminismo africano francófono e que lançou os pilares teóricos da interseccionalidade na década de 1970, era impossível de se encontrar em francês, ou era oferecido a preços que desafiavam a compreensão. Enquanto a tradução inglesa de 1986 conseguiu algum sucesso, com várias reimpressões, o original em francês de 1978 pare-

---

* Neste contexto, "tata" tem o significado de irmã mais velha. (Todas as notas de rodapé foram criadas para a presente edição.)

cia ter desaparecido dos circuitos de distribuição após duas impressões (1979, 1980) e uma reedição (1982). Uma década mais tarde, num momento em que os debates estão em alta em torno do #MeToo, dos feminismos, da interseccionalidade e da descolonização do saber, os leitores de língua francesa ainda têm pouco acesso a essa voz feminina, africana e negra que você traz à mesa sem tabus, com amor e radicalidade. Eu gostaria de agradecer às Éditions Divergences por oferecê-lo novamente a um público mais amplo. Reler *Com a palavra, as pretas* hoje permite não só situá-lo no contexto de sua publicação em 1978, mas também iluminar questões muito contemporâneas da circulação dos saberes e da atualidade das lutas de libertação.

Ao mesmo tempo que toma, distribui e cria discurso(s), seu texto é uma condenação inequívoca das práticas tradicionais que gangrenam a vida das mulheres senegalesas, malianas, marfinenses, ganenses e guineenses, entre outras. Infibulação, excisão, clitoridectomia, dote, poligamia e despigmentação, nada escapa à sua caneta. A sua determinação surge da África negra desencantada dos anos 1970 e da desilusão das Independências. As perspectivas de liberdade são escassas para as mulheres esmagadas por uma densa rede de opressões de classe e gênero, às quais você adiciona a raça, a colonização e a colonialidade. É esse cruzamento, a exposição das conivências entre colonialismo, neocolonialismo e patriarcado, que faz a radicalidade e a força de um ensaio firmemente ancorado em uma experiência africana negra e ao mesmo tempo poderosamente revelador de circulações globais.

Em agosto de 2004, participei do meu primeiro curso sobre a história do feminismo na Universidade de Lyon 2. *Do*

Prefácio à reedição francesa (2024) 21

feminismo. Um golpe certeiro de um singular totalizante que amputará toda fala, todo espaço não incluído no programa. Porque sim, Tata, estudaremos *o* feminismo, e ele será ocidental de uma forma tão evidente que dispensará perguntas ou explicações. Durante um semestre, navegaremos ao ritmo das metáforas marinhas, de uma costa à outra do Ocidente: a primeira onda dos Estados Unidos do século xix à década de 1930, em torno dos direitos cívicos e civis; a segunda onda da década de 1960, em Paris, pelas liberdades sociais e contra o patriarcado; a terceira onda durante a década de 1990. Estudaremos *o* feminismo, e ele será branco de uma forma tão evidente que praticamente dispensará perguntas ou explicações. De Seneca Falls a Londres, de Ítaca a Roma, as mulheres desse feminismo serão ocidentais e brancas, com a notável exceção de Sojourner Truth.

Tata, não lerei você nesse curso, que era, no entanto, um curso sobre *o* feminismo. As mulheres que estudamos são ocidentais. Eu não vou ler Fatou Sow, Amina Mama, Oyèrónkẹ Oyěwùmí, Ifi Amadiume, Manuela Sáenz, nem mesmo Juana Manuela Gorriti, Bisi Adeleye-Fayemi, Sylvia Tamale, Annette Mbaye d'Erneville ou Ayesha Imam. As mulheres que lemos são do Ocidente, mas brancas. Nada de Ida B. Wells, May Ayim, Claudia Jones, Kimberlé Crenshaw, bell hooks, Audre Lorde, Paulette Nardal, Marsha Johnson, Miss Major Griffin ou Gail Lewis. Mais do que um silenciamento, é uma amputação, a obra de uma máquina que fabrica a ausência.

Outono de 2006. Estou nos Estados Unidos como estudante de intercâmbio em um programa de Estudos Franceses e Francófonos. Foi uma camarada de classe, americana, que me trouxe até você. Em um curso sobre escritas femininas, tínhamos que apresentar uma autora de nossa escolha. Minha amiga escolheu Tassadit Imache e ficou surpresa por eu não a conhecer. "Você não conhece Tassadit Imache? É minha escritora francesa favorita." Cheryl era do estado da Geórgia. Como todas as norte-americanas da turma, ela estudou Aimé Césaire e Faïza Guène; ela leu Assia Djebar e Frantz Fanon, Maryse Condé e Aminata Sow Fall, Mehdi Charef e Ahmadou Kourouma; ela estudou a Kanaky de Déwé Gorodey e a Guadalupe de Simone Schwarz-Bart. Eles e elas leram escritoras de língua francesa da África negra e do Magrebe. Eles e elas falaram sobre o 17 de outubro de 1961,* de Louis Delgrès e da revolução haitiana. Tendo acabado de me formar em um curso preparatório literário em Lyon, não conheço praticamente nenhum desses nomes, lugares ou eventos.

Minha querida Tata, seria uma convivência interessante entre essa aluna, que pouco sabia sobre a história colonial americana à qual eu havia sido apresentada na França, e eu, a quem ela apresentaria toda a história da França e das antigas colônias francesas. Estranhas projeções e amnésias das civilizações ocidentais. Embriagar-se com os crimes do outro, esquecer-se dos próprios e manter conscienciosamente o seu esquecimento. Cheryl me deu a bibliografia de um curso anterior e três instruções de leitura.

Na biblioteca da universidade, fico tonta diante desses longos corredores onde nomes famosos convivem lado a lado,

---

* Dia em que ocorreu um episódio conhecido como Massacre de Paris, quando dezenas de argelinos foram mortos pela polícia francesa durante uma manifestação pacífica em resposta a um toque de recolher imposto aos cidadãos da Argélia que viviam no país.

C — Colette; F — Flaubert; M — Molière; P — Proust; Z —
Zola, e outros que estou descobrindo:

B — Bâ, Mariama; Bugul, Ken; Bessora
C — Condé, Maryse; Chraïbi, Driss
D — Djebbar, Assia
K — Keïta, Aoua

Você está aqui:
D — Diallo, Nafissatou Niang, *De Tilène au Plateau* (1975),
o relato autobiográfico de uma jovem mulher na Dakar das
Independências.

I — Imache, Tassadit, *Une fille sans histoire* (1989), autofic-
ção que cruza os destinos da Argélia e da França na vida de
Lil, uma criança das favelas de Nanterre em plena guerra da
Argélia.

T — Thiam, Awa, *Com a palavra, as pretas* (1978), em que
você dá voz às mulheres africanas, analisa a rede de opressões
que as cerca e propõe perspectivas de libertação. Felizmente,
o livro original está aqui, então vou lê-lo em francês. Um ano
mais tarde, o professor Pius Ngandu Nkashama nos dá um
exercício especial: ler a tradução da africanista inglesa Doro-
thy Blair e analisar a fidelidade ao seu texto original. Voltarei
mais tarde a esse episódio, que continua a ser um dos marcos
da minha formação universitária.

Não me lembro quem li primeiro, se Nafissatou Niang
Diallo, Tassadit Imache ou você, mas lembro-me de ler você
de uma só vez e ler você de novo, de novo e de novo. Estou
fazendo minha tese sobre Tassadit e, por quase vinte anos,
seus escritos têm sido uma parte imprescindível do meu trabalho de ensino e do meu trabalho de pesquisa.

Em fevereiro de 2024, a cineasta franco-senegalesa Mati Diop foi premiada na Berlinale por *Dahomey*, um documentário sobre a restituição ao Benin, em 2021, de 26 obras saqueadas em 1892 pelas tropas coloniais francesas. Em seu discurso de agradecimento, Mati fala dos barulhos e tremores que acompanham a queda dos muros de silêncio, o início da justiça e da restituição. Em meu documentário *Mariannes Noires* (2016), a diretora Alice Diop também evoca sua experiência como estudante da história da França brutalmente mergulhada no vestíbulo da história colonial e do barulho das cortinas se abrindo para revelar a fabricação da amnésia nacional.

Tata, ler você estará para sempre associado a sons e sensações: o estrondo de muros caindo, o leve farfalhar de cortinas se abrindo e uma caneta correndo sobre os nomes, eventos, genealogias e solidariedades que você ilumina: a Coordenação de Mulheres Negras, o Grupo de Mulheres Argelinas, o Grupo de Mulheres Marroquinas, o Círculo de Mulheres Brasileiras. Ler você traz também outra cota de sensações: desconforto, dor, raiva, repulsa, alegria, determinação, mas, depois de cada leitura, tenho a impressão de sentir uma parte amputada voltar a crescer. Você sabe, como aqueles neoblastos que permitem que certos animais ou plantas recriem uma parte ferida. Porque, sim, você não fala apenas sobre sofrimento, ausência e as maneiras como essas coisas são fabricadas, você também nos dá os meios para reparar, recriar e nos libertar a partir de uma perspectiva feminista.

No prefácio à edição original,[1] a escritora feminista Benoîte Groult escreveu: "É o grande mérito deste livro: ele finalmente dá a palavra às silenciosas da história". Eu responderei

Prefácio à reedição francesa (2024)

que essas senegalesas, malianas, guineenses, marfinenses, ganenses e nigerianas não são tão silenciosas quanto silenciadas, a começar por você, Tata, cujo apagamento é anunciado neste prefácio antes de prosseguir ironicamente com a tradução inglesa que deveria te mostrar ao mundo. Gostaria de me deter por um momento nas palavras de Groult:

> Para conquistar a sua independência é preciso antes ter percebido a sua dependência. E essa é, sem dúvida, a etapa mais difícil. Os testemunhos que você está prestes a ler não constituem um manifesto, nem expressam uma revolta ou mesmo uma reivindicação. São simples confidências que Awa Thiam soube recolher preservando-lhes a ingenuidade, a falta de jeito às vezes, e cujo patético vem justamente dessa resignação a um destino que é considerado uma fatalidade da condição feminina. A autora não procurou nos fornecer informações científicas ou estatísticas. Outras pessoas já o haviam feito. Ela nos traz algo mais raro e que nos faltava, a própria vida, não como é vista por seu observador, mas como é vivida pela mulher em questão. As "pretas" que aqui se expressam não estão conscientes da injustiça e ainda não descobriram a solidariedade e a esperança.

Ao percorrer o texto, os leitores e as leitoras poderão decidir por si sobre essas afirmações, mas gostaria de me concentrar em dois motivos. Assim como você, Tata, as meninas, as mulheres e alguns homens que você ouve conhecem o peso das proibições que infringem quando falam com você. Você descreve e relembra repetidamente os tabus que derruba ao se tornar porta-voz dessas pessoas. Quanta surdez para se recusar a ouvir a revolta, quanta cegueira para não detectar nem vontade nem autonomia. Militante incansável da causa feminina, Benoîte Groult destacou-se particularmente na luta contra as mutilações sexuais. No entanto, apesar de seu empenho em denunciar o atraso das sociedades africanas, ela passará ao largo de sua análise das mutilações genitais e das imbricações coloniais e neocoloniais do sexismo, do patriarcado, da classe e do racismo. Groult será incapaz de ou pouco propensa a ver nesses cruzamentos uma produção de conhecimento à margem do discurso feminista ocidental dominante. A análise do patriarcado que você propõe foi além das oposições aceitas — tradições (África)/modernidade (colonialismo/universalismo/Ocidente) — para ancorar firmemente o sexismo e seus avatares na tradição *e* na modernidade. Como Gloria Steinem e as feministas ocidentais que citarão você, Groult reconhecerá sua contribuição na vertente da opressão patriarcal e da subjugação dos corpos, mas perderá sua proposição de sistemas imbricados: sexismo, racismo, classe e colonialismo, silenciando, portanto, o horizonte radical e revolucionário do seu ensaio.

Groult insiste na simplicidade de uma fala transcrita sem procurar "fornecer informações científicas ou estatísticas". Mais uma vez deixarei que o leitor decida, mas me pergunto se a romancista leu seu livro antes de redigir o prefácio. Como você mesma admite, você relata palavras transcritas como são — mas medimos o alcance desse gesto, a magnitude do que você transmite, os riscos que você corre ao exigir "uma igualdade de fato, em direitos e deveres", ao levantar a voz para contradizer publicamente matronas e patriarcas de clãs, líderes religiosos e políticos?

Prefácio à reedição francesa (2024)

Tata, a acadêmica em mim só pode apontar as hierarquias em ação na negação de sua autoridade científica. De fato, você propõe, estuda, analisa, explica, cita, apresenta números, ancora seu pensamento em uma genealogia feminista global graças a um fio contínuo de referências. Você cita suas mães e irmãs africanas, europeias, americanas e caribenhas, demonstrando seu conhecimento sobre os debates feministas anteriores e os do seu tempo. Você ancora suas propostas em correntes mundiais ao mesmo tempo que ressalta a especificidade dos contextos na África negra. No entanto, a recepção do seu trabalho no Ocidente trairá reflexos de minarem sua autoridade acadêmica, sua capacidade de decidir, de fazer escolhas críticas e de criar conhecimento.

Um pouco antes nesta carta, mencionei o exercício proposto por um professor de literatura da Universidade de Louisiana: o professor Ngandu nos pediu para ler seu texto no original e na versão em inglês simultaneamente. No entanto, a recepção da sua obra no Ocidente revelará mecanismos mais ou menos insidiosos de silenciamento e de consagração acadêmicos. O primeiro distanciamento (ou mesmo bloqueio) ocorreu no título: *Speak Out, Black Sisters: Feminism and Oppression in Black Africa* [Falem, irmãs negras: Feminismo e opressão na África negra]; no entanto, onde você propõe uma reflexão feita por africanas, a partir da África negra mas para e em direção ao mundo, o subtítulo limita seu argumento, tornando-o exclusivo à questão africana negra. Gertrude Mianda e Amanda Walker Johnson expõem os dispositivos dessas amputações, desde a má tradução até a remoção de páginas inteiras consideradas não essenciais, o apagamento de notas de rodapé, a supressão de estatísticas ou a tradução de noções que seu texto voluntariamente deixa nas línguas locais.

Tata, você vai ficar feliz em saber que uma geração de mulheres pesquisadoras da África negra e da diáspora está agora analisando esses pontos, o que a tradução pode fazer pelos feminismos e pela reflexão sobre a questão racial: Maboula Soumahoro, Korka Sall, Gregory Pierrot, Coudy Kane, Kaïama Glover, Maboula Soumahoro, Korka Sall, Gregory Pierrot, Coudy Kane, Kaïama Glover — somos muitas a nos apropriarmos de línguas e traduções, e do que elas dizem, amplificam, endossam ou amputam. Estou pensando aqui na série de entrevistas conduzidas por Rama Salla Dieng com Annette Joseph-Gabriel, Ruth Bush, Rosebell Kagumire, Françoise Moudouthe, Mwanahamisi Singano, Aman Bint Nadia, Jessica Horn, Tiffany Mugo, Nana Darkoa etc. Com base em seu convite para falar, essa série, intitulada *Speaking Out, Talking Back* [Erguendo a voz, respondendo], convida quinze artistas, pesquisadoras e militantes feministas negras de todo o mundo para compartilhar suas formas de organização.

Tata, você foi criticada por não ser "diplomática", "gentil" ou estratégica o suficiente, por enfraquecer a unidade com sua abordagem radical. De fato, sua língua postula claramente seu objetivo (a libertação das mulheres negras), seus meios (uma revolução radical) e seus algozes (os silêncios e as cumplicidades de outras mulheres, os usos e as interpretações das tradições, os "brancos colonialistas ou neocolonialistas" e "seus machos negros", as feministas ocidentais). Ninguém escapa da sua caneta. Pensaram que você estava com pressa demais em busca da libertação sem passar por uma divisão estratégica de tarefas, priorizando certas batalhas, colocando

Prefácio à reedição francesa (2024) 29

a emancipação em primeiro lugar. Você diz claramente: você recusa a emancipação que ainda lembra a infantilização das mulheres, que devem sair passo a passo de um estado de infância. Você se recusa a se fundir com o feminismo "emancipatório" ocidental e branco e adverte seu leitor: "Aqueles que esperam discursos feministas devem afastar-se da leitura deste estudo", reiterando a impossibilidade de separar discursos, teorias e práticas feministas. Você postula a libertação como o único horizonte político, uma libertação que, como aponta a acadêmica afrofeminista Fania Noël, sacrifica necessariamente a ideia de unidade, de comunidade. Você aceita esses sacrifícios porque a integridade da comunidade não pode ser alcançada às custas das mulheres negras. Durante muito tempo, elas foram solicitadas a esperar, a ficar em segundo plano. Disseram-lhes que a libertação do seu povo, a libertação de todas as mulheres negras e a libertação dos homens negros vinham em primeiro lugar. Você, Tata, recusa essas injunções. Você se recusa a endossar a responsabilidade pelo fracasso da unidade e das utopias negras. Você se recusa a "se escamotear" para agradar aos políticos e intelectuais reacionários. Você não é mais paciente com suas irmãs africanas e negras conservadoras, ou com qualquer pessoa que não tenha pressa em iniciar a revolução. Penso sistematicamente em você, Tata, quando vejo passar a afirmação *"I support everything Black"* [Eu apoio tudo o que é preto]. Penso na maneira como nos convida a questionar essa posição. Você disse não. Você não está em união nem com os machos negros que professam a sujeição de suas irmãs nem com as mulheres negras que são cúmplices dessa sujeição. Sua prioridade não é nem a unidade nem a aliança, mas a libertação. Uma libertação que só será obtida ao preço de uma revolução e do questionamento de todas as estruturas sociais e cúmplices que apoiam a escravização das mulheres negras africanas.

Tata, gostaria de apresentar esta reedição seguindo o convite que você formula nas primeiras páginas do livro. Você escreve: "[Esta análise], embora teórica, não é de forma alguma exaustiva. Se este estudo suscitar críticas ou sugestões, elas serão muito bem-vindas e enriquecerão outros trabalhos".

Sim, há uma necessidade urgente de te ler e de te conhecer. É urgente citar seu trabalho e situá-lo em uma genealogia dos feminismos, em uma história de feminismos negros onde ele tem seu lugar entre as teorizações do Combahee River Collective, bell hooks, a matriz de opressões de Patricia Hills Collins e a interseccionalidade como popularizada por Kimberlé Crenshaw. Sim, é urgente lê-la para mensurar o progresso ou os retrocessos nos termos, nos horizontes, nos atores que você menciona. O que mudou, desapareceu, melhorou ou se agravou? Como? Quando? Graças a quem? Por causa de quem? O que não é mais dito ou o que é dito de forma diferente? O que você disse que esquecemos, interpretamos mal ou nunca entendemos? Você propôs alguns eixos de reflexão e de ação para pensar e alcançar a liberação. #Nopiwouma, #VraieFemmeAfricaine, #StopBopda, #SAYNO, #BalanceTonSaiSai:* em Dakar, Abidjan ou Paris, as sementes que você

---

* Todas essas hashtags simbolizam diferentes discursos de protesto de mulheres africanas ou de ascendência africana frente à violência de gênero no contexto de disseminação global do movimento #MeToo, iniciado em 2017. #Nopiwouma significa em uólofe, uma das línguas nativas de Senegal, "Não vou calar a boca", enquanto #VraieFemmeAfricaine pode ser traduzido como "Verdadeira mulher africana", tendo por objetivo

Prefácio à reedição francesa (2024)

plantou estão germinando neste momento em algoritmos e cartazes, em manifestações e em auditórios. Agora cabe a nós, suas sobrinhas e sobrinhos, irmãs e irmãos, colegas, leitores e leitoras, lidar com esse assunto. Guardo de você estas palavras: "Lutar é combater com determinação e fé em uma vitória certa, como a promessa de uma felicidade próxima e garantida, que você viverá ou que outros viverão. Portanto, lutar com a firme convicção de que haverá um resultado positivo — em nossa presença ou em nossa ausência. LUTAR".

Jërëjëf, obrigada, Tata.

MAME-FATOU NIANG

---

celebrar e promover a identidade e a cultura das mulheres africanas. #StopBopda é uma referência ao empresário camaronês Hervé Bopda, acusado de assédio sexual e violência contra mulheres. #BalanceTonSaiSai significa "Denuncie seu Sai Sai", em que "Sai Sai" é uma gíria comum nas redes sociais francesas para se referir a homens que se comportam de forma machista.

MAME-FATOU NIANG é fotógrafa, professora associada de Estudos Franceses na Carnegie Mellon University e fundadora e diretora do Center for Black European Studies and the Atlantic.

Com a palavra, as pretas

Para minha família, a quem devo tudo.

Para as minhas irmãs e irmãos que — em todo o mundo — estão lutando pela abolição do sexismo, do patriarcado e de todas as formas de dominação do humano pelo humano.

Para as amazonas da África, da América, da Boêmia.

Para as guerreiras antissexistas de todos os tempos.

Para Zingha.

Para Claude Imbert e Elisabeth de Fontenay.

Para El Hadj Seydou Nourou Tall.

Agradeço:

Ao meu pai por suas múltiplas pesquisas sobre a origem da excisão e da infibulação tanto no Alcorão quanto nos Hadith e em diversos textos árabes.

À minha mãe por me encorajar a fazer este livro e por facilitar meus contatos com certas mulheres.

Aos meus tios, tias, primos da Guiné e do Mali, meus irmãos e irmãs de Gana, da Nigéria e da Costa do Marfim por terem me ajudado — em alguma medida — nas minhas pesquisas.

A todas as mulheres que confiaram em mim.

Entre a liberdade e a escravidão não existe acordo.

PATRICE LUMUMBA

Como uma gota d'água no mar, senão uma lágrima no oceano,

É NECESSÁRIO

dizer em voz alta o que todas as mulheres pensam em voz baixa

denunciar os crimes a que as mulheres são submetidas, as mutilações que as mulheres sofrem com fatalismo

oferecer resistência em todos os níveis

uma resistência ativa

uma resistência efetiva

a toda opressão

de qualquer lugar — a qualquer hora

Apenas uma multitude de vozes,

uma multitude de resistências,

uma multitude de somas de desejos de mudança,

uma inumerável soma de vontades

de vontades de viver outra coisa que poderia mudar a face atual do mundo

e, ao mesmo tempo, o status da mulher poderia pôr fim à monstruosa opressão e exploração a que as mulheres estão sujeitas, opressão e exploração que foram e ainda hoje são o destino cotidiano das mulheres. A força residirá na multitude de vozes, de pessoas, de consciências determinadas a efetuar uma mudança radical em todas as estruturas sociais que neste momento estão

decadentes, ou ela não acontecerá.

PARTE I

As palavras das pretas

É UMA TOMADA, uma reapropriação ou uma restituição da palavra? Há muito tempo que as mulheres pretas se calam. Não é tempo de elas (re)descobrirem sua voz, de tomarem ou retomarem a palavra, mesmo que seja apenas para dizer que existem, que são seres humanos — o que nem sempre é evidente — e que, como tais, têm direito à liberdade, ao respeito, à dignidade?

As pretas já tomaram a palavra? Elas já se fizeram ouvir? Sim, às vezes, mas sempre com a bênção dos machos. Então sua palavra não tinha nada de uma palavra de mulher. Ela não DIZIA da mulher. Ela não dizia nem das suas lutas nem dos seus problemas fundamentais. Antigamente, as mulheres negro-africanas tinham voz ativa quando se tratava de tomar decisões importantes. Pensemos em Zingha, uma amazona e guerreira — a primeira a resistir à colonização portuguesa em Angola, no século XVII —, ou em Aoura Pokou, rainha dos baúles.

As mulheres têm que reivindicar a palavra, a palavra verdadeira. Isso não será feito sem dificuldades, pois os privilegiados que a utilizam — os machos — insistem em mantê-la consigo. Teriam eles pressentido um perigo quando se conscientizaram da amplitude dos atuais movimentos de libertação das mulheres? De qualquer forma, eles reagem.

E advertem as mulheres; eles as ameaçam. Como prova: as observações feitas pelo primeiro-ministro do Senegal, Abdou Diouf, no primeiro Dia da Mulher Senegalesa, em março de 1972: "Vocês recusaram a tentação de um feminismo agressivo e estéril que consiste em se colocarem como rivais invejosas e complexadas dos homens...".

O julgamento do feminismo está feito. Que Abdou Diouf perceba o feminismo como algo agressivo não tem nada de surpreendente, mas que ele o perceba como estéril prova que não entendeu nada e/ou não quer entender nada. Agressivo, o feminismo é apenas uma agressividade revolucionária. E, por ser revolucionário, não pode ser estéril. Certamente, o que aparece através dessa citação e que não é dito é: "Recusem a tentação do feminismo...".

Após essa injunção, o primeiro-ministro senegalês continuou: "... para se posicionarem nobremente como parceiras iguais". Feita a abstração de qualquer consideração moral, seria bom saber em que consiste essa igualdade. Como isso se traduz em termos concretos: pela nomeação de algumas mulheres deputadas, pelo acesso de uma ínfima minoria delas à função pública, pelo direito absoluto de explorar e de superexplorar a sua ou as suas esposas, ou pela poligamia instituída em detrimento das mulheres? Pela desigualdade de oportunidades educacionais (recusa em conceder bolsas de estudo, mesmo a alunas de pós-graduação cuja situação o exija)? Os números da Unesco sobre a alfabetização de meninas na África negra são eloquentes. E a camponesa dos arrozais de Casamance, no Senegal, ela é considerada uma parceira igual pelo "seu homem" ou pelos outros machos senegaleses? A que equivaleria essa igualdade? A uma reversão de poder?

As palavras das pretas

Não. Não é isso o que as mulheres negro-africanas querem no atual momento. Elas desejam uma igualdade de fato em termos de direitos e deveres.

Os homens negro-africanos têm se deleitado por muito tempo, ainda se deleitam, em mistificar as mulheres negro--africanas. É preciso acabar com essa campanha mistificadora. Os problemas da mulher negro-africana sempre foram escamoteados, deslocados em sua sociedade, seja por aqueles que estão no governo ou por intelectuais reacionários ou pseudorrevolucionários.

Não se trata mais de ignorar esses problemas sob qualquer pretexto, e menos ainda aquele que mais frequentemente se opõe a nós: a libertação dos povos negros é muito mais importante do que a libertação das mulheres. Correndo o risco de nos repetirmos, dizemos que o desejo de nos colocarmos como uma raça, com características específicas em relação a outras raças, não deve, de forma alguma, nos conduzir a uma tábula rasa da condição deplorável das mulheres negro-africanas. Vamos além do problema racial, pois nos situamos não apenas como mulheres pretas, negro-africanas, mas também como elementos pertencentes à humanidade, independentemente de quaisquer considerações étnicas. Dessa humanidade retemos apenas a existência de classes sociais e de duas categorias de indivíduos: os homens e as mulheres, existindo em uma relação antagônica de dominantes e dominadas.

Mas isso não é tudo. Reduziu-se — ou melhor, os homens reduziram — muitas vezes o problema das mulheres a um problema de complementaridade. Quem define essa complementaridade? Os homens que nos impõem isso. Essa complementaridade é estabelecida como um sistema, permitindo endossar todas as opressões e explorações que o sistema patriarcal inflige às mulheres na condição de gênero, no que diz respeito tanto aos relacionamentos amorosos quanto à organização do trabalho. Não será o caso de não só questionar essas coisas, mas também de REDEFINIR todas elas?

Não é hora de as mulheres pretas assumirem a imperiosa tarefa de tomar a palavra e agir? Elas não deveriam conceder a si mesmas o direito de fazer isso, exortadas, guiadas não pelos chefes de governos fantoches patriarcais, mas pelo vivo desejo de pôr fim à sua condição miserável de força produtiva e reprodutiva, superexploradas pelo capital e pelo patriarcado?

Tomar a palavra para enfrentar a situação. Tomar a palavra para dizer sua recusa, sua revolta. Tornando a palavra ativa. Palavra-ação. Palavra subversiva. AGIR-AGIR-AGIR, vinculando a prática-teórica à prática-prática.

Mas quem são as pretas? Muito foi escrito sobre elas e sobre os seus costumes. Raros foram os autores que escreveram sobre elas de forma objetiva. Os homens negros que tiveram a oportunidade de escrever sobre a África negra, sobre a civilização negro-africana, se não se afastaram da mulher preta, no mínimo se importaram bem pouco com ela. E, quando se interessavam por ela, era para louvá-la, cantá-la por sua beleza, "feminilidade", "objeto sexual", musa e mãe sofredora, ou para analisar suas relações com o homem branco e com o homem negro, ou para julgá-la e relegá-la à categoria de selvagem.

Cantada e louvada, ela o foi pelos cantadores da negritude. Analisada psicanaliticamente, ela o foi parcialmente — em sua relação com o homem branco e seus congêneres — entre outros por Frantz Fanon. Abusada, condenada e/ou desconhe-

As palavras das pretas

cida, ela o foi pelos colonizadores, pelos neocolonizadores e pela maioria de seus irmãos negros. Mas de que adianta escrever sobre a mulher negra se, ainda assim, não aprendemos quem ela é *realmente*? Cabe às mulheres pretas restabelecerem a verdade.

Para tentar compreender a preta e, mais precisamente, a mulher negro-africana, em sua existência e sua verdade, porque é dela que se trata aqui, decidimos nos colocar à sua escuta na Costa do Marfim, na Guiné, no Mali, no Senegal (Estados francófonos), em Gana e na Nigéria (Estados anglófonos), dando-lhe a palavra. Isso significa que ela não a tem? Reconhece-se que, nas sociedades patriarcais, as mulheres não têm nem sequer o direito de falar. Submetidas à poligamia institucionalizada, casadas à força, excisadas, infibuladas ou não, as mulheres negro-africanas, quando não exercem atividades remuneradas, dedicam-se, de acordo com sua pertença a essa ou aquela etnia, à agricultura (arroz, algodão, milho-miúdo, amendoim...) e realizam as tarefas domésticas. Tarefas que são infinitamente pesadas. Ao não fazer uso de aparelhos específicos da sociedade de consumo que possam ajudá-la de alguma forma, a mulher negro-africana típica gasta um tempo longuíssimo realizando essas tarefas. São trabalhos difíceis de executar. É o caso de triturar milho-miúdo, preparar cuscuz, recolher lenha morta para o fogo, cozinhar, lavar roupa etc. A mulher negro-africana média não conhece nem o fogão, nem a geladeira, nem outros eletrodomésticos.

Confrontada com problemas que a oprimem, quais as possibilidades de ação da mulher negro-africana?

Em primeiro lugar, devemos nos livrar do mito do matriarcado nas sociedades negro-africanas. Se o fato de decidir em parte ou completamente sobre casamentos de sua descendência e/ou organizar as tarefas domésticas e a administração dos lares é equiparado ao poder de uma mulher, isso é um erro grave. O mesmo erro é cometido se equiparamos o sistema matrilinear ao matriarcado. Quando uma mulher tem apenas o direito de não ter direitos, ela não tem direitos.

Ela não tem poder real, apenas um pseudopoder. Na medida em que não perturba o marido, ela pode agir. Na medida em que não perturba o sistema capitalista, ela pode existir. Então, o que ela pode acreditar ser é apenas uma ilusão. As principais decisões pertencem ao homem, sem que a mulher esteja envolvida. O negro, na África negra, dispõe não apenas de sua vida, mas também da vida de sua esposa. Isso é especialmente verdadeiro nas sociedades islâmicas, nas quais "uma mulher só pode ir para o céu por meio de seu marido"; em outras palavras, apenas porque teria feito o marido feliz.

A mulher negro-africana está de acordo ou não? Ela está contente com essa situação? Ela se rebela? Ela consente, cega, com o que "Deus-seu-marido" decide? É também o que buscaremos saber, colocando-nos à escuta das nossas irmãs negro-africanas, mesmo por um período de tempo demasiado curto, a fim de aprender a conhecê-las, ao menos parcialmente, e, para além delas, nos conhecermos um pouco.

Suas palavras são relatadas aqui na forma de entrevistas, das quais selecionamos as que nos pareceram mais significativas.

Aqueles que esperam discursos feministas devem afastar-se da leitura deste estudo. São as mulheres negro-africanas que falam. Elas se expressam com simplicidade, expõem seus problemas. De seus discursos emergem a experiência de suas

As palavras das pretas

relações com o homem e sua experiência cotidiana na sociedade. Experiências felizes e/ou infelizes: palavras e males de mulheres pretas.

A análise resultante deste livro, embora teórica, não é de forma alguma exaustiva. Se este estudo suscitar críticas ou sugestões, elas serão muito bem-vindas e enriquecerão outros trabalhos.

Depoimentos

Yacine

Meu pai é senegalês, naturalizado maliano. Minha mãe é maliana. Tenho trinta anos. Vivi com os meus pais no Senegal até a dissolução da Federação do Mali, em 1960. Com o falecimento do meu pai, a minha mãe voltou para o Mali com todos os filhos.

Aos dezoito anos, casei-me com um marfinense que morava, na época, provisoriamente em Bamako. Nunca tive que discutir qualquer coisa vinda dos meus pais e relacionada a mim. Fui criada com essa mentalidade. Eu venho de uma família de ferreiros. Nunca botei os meus pés em uma escola, exceto para matricular meus dois filhos mais velhos. Meu marido era um pequeno comerciante que fazia as linhas Abidjan-Bamako-Ouagadougou. Ele finalmente fixou residência em Abidjan, onde fui obrigada a me juntar a ele. Quando cheguei a Abidjan, ficamos instalados num quarto sublocado, no bairro de Treichville. Eu estava tentando dolorosamente me adaptar a essa nova vida, que era quase inteira estranha para mim. Eu tinha que aprender a falar a língua dos baúles e a dos senufos. Por outro lado, eu me entendia perfeitamente com os membros da "colônia senegalesa" residentes na Costa do Marfim, já que eu compreendia a língua deles.

Tínhamos dois filhos, mas sempre ficávamos nesse mesmo quartinho. Eu estava começando a me sentir espremida. Depois de cinco anos de casamento, fiquei grávida pela terceira vez. Foi durante essa gestação que, certa noite, por volta das 23 horas, meu marido voltou de uma viagem com uma mulher jovem. "É minha nova esposa, o nome dela é X...", ele me informou. "Você vai ter que nos ceder a cama. Esta noite, ficará com a esteira que está ali no canto para você e as duas crianças", acrescentou. Eu fiquei atordoada. Estou sonhando?, perguntei a mim mesma. Eu podia sentir a terra desmoronando sob meus pés. Tive a sensação de que ia desmaiar e me sentei na cama. Não, eu não estava sonhando. Precisei ceder minha cama para essa recém-chegada, minha rival. Que atrevimento!, disse para mim mesma. O que fazer? Eu não tive tempo de me dar conta de tudo. No automático, meio sonolenta, peguei a esteira e me instalei nela com meus dois filhos. Optei pelo silêncio e pela submissão. O que mais eu poderia ter feito? Me revoltar? De que maneira? Tentar expulsar a jovem do quarto? Discutir com meu marido? Brigar com ele? Não. Se eu tivesse feito isso, poderia ter posto em risco a vida da criança que eu estava carregando, assim como a minha própria. O que era importante naquele momento era preservá--las. Daquele dia em diante, minha existência tomaria um

As palavras das pretas

rumo completamente diferente. Por mais inacreditável que possa parecer, optei pelo apagamento. Era a "nova esposa" que cozinhava e lavava a roupa do nosso marido. Essas são duas atividades das quais a maioria das coesposas se orgulha e se vangloria se os resultados forem apreciados pelo homem. Eu precisava me preocupar apenas com os meus próprios assuntos e com os meus filhos. Era uma situação difícil de suportar: uma relação de três pessoas, com dois filhos, em um único cômodo. Todas as noites, meu marido me obrigava a sofrer a afronta de acompanhar — em silêncio — suas travessuras amorosas com minha coesposa. Depois de alguns dias, não aguentando mais, perguntei — embora a situação não tenha mudado muito — se ele concordava em instalar uma tela que separasse o quarto em dois, o que permitiria a ele e à nova esposa ficarem mais tranquilos ou mais reservados quando sentissem necessidade. Ele achou a ideia excelente, mas cabia a mim pagar pelos custos dessa instalação. Feito isso, simplesmente adoraram.

Eu estava no quinto mês de gravidez quando minha dita coesposa invadiu aquele quarto (meu quarto). Os quatro meses durante os quais tive que continuar a carregar meu terceiro filho no ventre pareciam intermináveis, pois a atmosfera em que eu vivia era insana. Tive que "fazer do limão uma limonada", ou pelo menos tentei. Eu não conhecia ninguém em quem confiar naquela cidade. Me limitava às atividades domésticas. As poucas pessoas com quem eu falava ou que mais ou menos conhecia não me inspiravam tanta confiança a ponto de fazer confidências. Além disso, hoje em dia não é incomum ver que um bom número de gente com quem você fala ou em quem confia, longe de ajudar a resolver seus problemas, sai contando por aí, e na maioria das vezes rindo da sua situação, sem o seu conhecimento. É por isso que, em Abidjan, eu evitava fazer amizades muito próximas, ainda mais porque minha posição social não me permitia isso (a amizade pressupõe uma certa reciprocidade). Além disso, eu nunca quis envolver os outros nos meus problemas domésticos. Até mesmo minha mãe. Isso talvez tenha sido um erro grave. Mas o que eu sabia sobre essas coisas?

Após o nascimento e batismo do meu terceiro filho, resolvi ir ficar com minha mãe em Bamako, no Mali, se meu marido não pusesse fim a essa vida monstruosa que estava me impondo. Os dias se passaram. Não houve quase nenhuma mudança em nosso convívio a três. Do ponto de vista econômico, eu era essencialmente dependente dele. Será que eu também precisava contar com sua ajuda para me tirar de Abidjan? Sem lhe dizer nada, ou avisá-lo, vendi as joias de ouro — que meu pai havia forjado e me dado enquanto estava vivo — para comprar minha passagem Abidjan-Bamako e as de meus filhos, e para ter algum dinheiro no bolso. Quando estava pronta para partir, avisei a ele: "Não posso mais suportar esta vida. Em vez de arranjar uma segunda esposa, teria sido melhor encontrar uma solução para os vários problemas de subsistência que já tinha explicado para você e um quarto separado para nossos filhos. Agora que não há nada mais entre nós, quero voltar para a casa da minha mãe em Bamako". Em resposta, ele riu. "Essa é boa", disse, achando que se tratava de uma boa piada, já que eu dependia financeiramente dele. Daquele momento em diante, senti que não

As palavras das pretas

tinha mais nada a dizer. No mesmo dia, depois do almoço, quando ele voltou à cidade para cuidar dos seus negócios, juntei as roupas dos meus filhos, as minhas e os meus utensílios de cozinha. E fui embora. Viajei pela estrada. Depois de uma série de contratempos, cheguei a Bamako. A fadiga e o sofrimento acabaram comigo. Minha mãe, perplexa, me recebeu com lágrimas nos olhos. Quando contei como era minha vida com meu marido, ela não acreditou. Poucos dias depois que cheguei, meu marido escreveu para minha mãe perguntando sobre mim. Mais tarde, recebi uma carta dele pedindo-me para encontrá-lo em Abidjan. Ele dizia que ainda me amava. Não respondi, nem minha mãe.

Ele não tinha aparecido na casa da minha mãe até então, mas aproveitou que um de seus amigos comerciantes estava indo para Bamako e pediu que fosse ver minha mãe e eu. O amigo tinha a missão de convencer minha mãe da necessidade de eu voltar ao domicílio conjugal, para que ela me pressionasse. Pois, de fato, na África negra, quando uma mulher deixa o lar conjugal e regressa à casa dos pais após um conflito com o marido, fica acordado que este, se ainda se importa com ela, irá buscá-la. Ele também pode enviar um parente, amigo ou uma delegação de pessoas para debater com os sogros as desavenças entre ele e sua esposa. Foi o caso de uma das esposas do sr. Y., uma amiga de Bamako. Tendo sido injustamente acusada de adultério, ela havia deixado o marido para se refugiar na casa dos pais. Lá, após se queixar, foi recebida de braços abertos. Seu marido enviou uma delegação à casa dos sogros, que preferiram que ele se apresentasse pessoalmente. E foi o que fez. Embora essa mulher tenha ficado com os pais por apenas seis dias, seu marido ainda teve que pagar 30 mil francos malianos, que foram entregues a ela. Essa soma é simbólica: é uma forma de dizer que não há mais problemas entre os cônjuges ou que o conflito entre as partes foi resolvido.

Eu estava há seis meses com minha mãe quando esse senhor chegou em nome de meu marido. Desde que o deixei levando meus filhos, não recebi um centavo dele. Todos nós dependíamos de minha mãe, que era uma excisora renomada em nossa região. Vivíamos, ou pelo menos sobrevivíamos, graças ao dinheiro que nos era dado pelos pais de meninas que haviam sido excisadas. Então, quando esse enviado de meu marido se apresentou, minha mãe disse: "Seu amigo deve pagar à esposa sua pensão de seis meses e a dos filhos, e além disso devemos determinar juntos em que condições ela poderá voltar para casa". "Ele fará isso", garantiu. Passou três anos sem fazer nada, nem por mim nem pelos filhos. Nesse meio-tempo, consegui economizar algum dinheiro vendendo primeiro bolinhos de massa e depois *pagnes** que eu tingia com índigo, o que me permitiu fazer aulas de costura. Atualmente, sou costureira, pois o negócio de *pagnes* não está indo muito bem nos dias de hoje. Dessa forma, cuido das minhas necessidades, das dos meus filhos e ajudo minha mãe.

Neste momento, três homens casados praticantes da poligamia tentam me cortejar, mas não estou pronta para ir com o primeiro que aparecer, embora seja incentivada fortemente

---

* Tecidos coloridos e estampados amplamente utilizados na África, sobretudo na África Ocidental e Central, para confeccionar roupas e acessórios. Com grande significado cultural e social, são usados em cerimônias, festividades e no dia a dia.

As palavras das pretas 57

a pôr fim ao meu celibato. Estou esperando até encontrar um bom homem, em quem possa confiar.

Um ano depois de deixar Abidjan, fiquei sabendo que a mulher com quem meu marido dizia ter se casado — quando, na verdade, não se casou — o havia trocado por um homem com mais dinheiro. Foi nessa época que recebi uma última carta dele dizendo que amava apenas a mim, que fora enganado por sua amante, que estava arruinado, que precisava de mim, que agora me amava mais. Palavras de arrependimento!

Foi no final daquele ano que o divórcio religioso foi — a meu pedido — declarado.

* * *

Médina

Tive a sorte, ou o azar, de nascer em uma família muito tradicionalista e apegada a valores e costumes ancestrais. Foi assim que me casei com um, digamos, primo que estava estudando na Arábia Saudita e que eu nunca tinha visto antes. Eu estava no final do segundo ano do ensino médio quando me disseram que meu avô, um marabu onipotente e considerado um "Deus-Pai" por muitas pessoas, incluindo meus pais, queria me ver. Ele tinha tanta autoridade que seus filhos, sobrinhos, fiéis e todos os que lhe eram próximos não questionavam suas decisões. Quando cheguei em sua casa, acompanhada de meu pai e minha mãe, ele me disse, após os cumprimentos e formalidades: "Você sempre foi uma criança sábia e muito obediente. Também sei que é uma boa aluna. Eu gostaria de te dar em casamento na próxima sexta-feira (era um sábado à noite) a seu primo X., que está na Arábia Saudita, estudando. Talvez você não o conheça, mas ele é um rapaz muito sério, muito estudioso e muito bem-educado. Será um excelente marido para você. Ele estará aqui nas férias de verão do próximo ano. Após o casamento, você irá com ele para a Arábia Saudita, onde ficarão até que ele termine os estudos". Fiquei em choque. Enfrentar alguém cujas ordens meu pai e minha mãe jamais contrariaram? Como eu poderia discutir...? Explodir diante da negação do meu ser? Na verdade, tudo aconteceu como se eu não existisse, tudo foi decidido sem que eu tivesse uma palavra a dizer. Eu me recusei a ser a exceção que devia — naquele exato momento — questionar tudo o que emanava daquele líder religioso, meu avô materno. Eu estava atônita, mas tentei, em vão, não deixar isso transparecer, como exigem minha educação e o ambiente no qual cresci.

"O que você acha?", acrescentou o velho, tentando examinar meus olhos como se quisesse ler neles alguma alegria, algum pensamento feliz. Eu obviamente abaixei o olhar. Porque no meu país, em certos círculos da etnia Tuculor, é um sinal de respeito não olhar nos olhos dos mais velhos. Por isso, ele pensou ter percebido um sinal de consentimento. "Então, minha menina, você concorda?", disse ele. "Isso é muito bom, ela está de acordo."

Eu não tinha dito uma palavra. Eu me sentia dilacerada, dividida entre o desejo de dizer NÃO e o de não ofender meus pais, mas meu silêncio estava comprometendo todo o meu

As palavras das pretas 59

futuro... O fato é que, como que para mostrar sua aprovação, meus pais disseram: "Pai, isso é uma coisa boa. Agradecemos sua decisão e estamos encantados com ela. Somos muito gratos por isso". Depois, fomos embora.

Como era de esperar, me casaram. Meu marido não estava presente na cerimônia (ele continuava na Arábia Saudita). É costume na África negra que os casamentos de pessoas mais jovens sejam contraídos por seus pais, na ausência de um ou de ambos os futuros cônjuges. Foi só depois de me tornar sua esposa que recebi uma carta e uma foto do meu marido. As férias chegaram ao fim. Como eu era interna, voltei para a minha escola, em uma localidade diferente da dos meus pais. Foi nessa época que eu me apaixonei loucamente por um garoto que se chamava Demba. Ele era um estudante. Nós nos víamos todo fim de semana. Ele tinha aulas na Universidade de Dakar. Ele era deixado em Saint-Louis, onde ficava minha escola, por um de seus tios, que o hospedava e com quem ele trabalhava em Dakar durante a semana. Apaixonada por Demba, foi difícil para mim aceitar a ideia de compartilhar minha vida com um homem que não fosse ele. Um sentimento de revolta germinou em mim. Meu amor por Demba e seu amor por mim permaneceram vivos. No final daquele ano letivo, tudo estava claro. Eu não suportava mais o casamento com meu primo — um casamento que devia ser consumado assim que ele voltasse da Arábia Saudita.

Quando eu voltava à casa dos meus pais, Demba não hesitava em vir me ver. Mas, dada a frequência de suas visitas, meu pai, um bom psicólogo, um bom observador e um homem que não mede as palavras, pediu-me um dia, enquanto

Demba e eu estávamos na sala de estar, para deixá-lo a sós com ele. Ele lhe disse diretamente que eu era casada e que, por isso, não gostaria mais de vê-lo com tanta frequência ali.

Após esse esclarecimento, Demba saiu, o que não nos impediu de nos encontrarmos em outro lugar. Por fim, veio o mês em que meu marido chegaria e, em seguida, a semana em que o casamento seria consumado. De antemão, assim que cheguei em casa para as férias, confiei em um de meus irmãos mais velhos, dizendo-lhe que não amava o homem que me havia sido dado como marido e que não queria o casamento. Muito compreensivo, ele me disse: "Por isso o casamento não será celebrado. Você vai se divorciar e se casar novamente com o homem que ama". Tranquilizada, eu era como aqueles pacientes que saem de uma consulta tranquilizados pelas mentiras de um médico. Eu me senti reconfortada, pois havia encontrado um aliado na pessoa do meu irmão. Ele foi até minha mãe e lhe contou minha decisão. "Inacreditável!", disse ela. "Ela nunca demonstrou isso", acrescentou. Minha mãe pensou a princípio que era uma piada de mau gosto. Mas muito rapidamente percebeu meus sentimentos quando me chamou para falar sobre o assunto. O meu pai foi informado. Imediatamente, ele me convocou, bem como meu irmão mais velho e minhas duas irmãs, que deveriam me apoiar em minha decisão. Ele usou mais ou menos os mesmos termos usados por minha mãe durante sua conversa com meu irmão mais velho. "Você consentiu quando seu avô lhe propôs casamento com seu primo. Não é na véspera do casamento que você vai criar falsos problemas. Que eu não ouça mais esses comentários infelizes. Quanto a

As palavras das pretas

você, Moussa (meu irmão mais velho), intrometa-se no que lhe diz respeito. Não quero que mais ninguém reclame de qualquer coisa vinda de você. E digo o mesmo para cada uma de vocês aqui presentes", ele se virou para minhas duas irmãs. Nosso pai exercia uma grande autoridade sobre nós, ninguém teve coragem de acrescentar uma palavra, exceto meu irmão mais velho, em quem eu havia confiado. Quando ele começou a explicar meu ponto de vista sobre o casamento, nosso pai mandou que calasse a boca e ameaçou bater nele. Não sei o que me fez querer enfrentar meu pai quando por fim essa assembleia se desfez. Mas já era tarde. Eu não me sentia forte o suficiente para enfrentar meu pai sozinha. Adiei. A partir desse momento, recusei tudo o que me foi oferecido para comer, iniciando assim uma espécie de greve de fome. Encontrei uma maneira de fazer ao menos uma refeição na casa de um amigo que morava perto de nossa casa, ou então comia às pressas um sanduíche em uma das pequenas lojas administradas por mouros, existem muitas em Dakar. No terceiro dia da minha "greve de fome", fui novamente chamada pelo meu pai. Ele falou comigo na presença da minha mãe: "O que está acontecendo com você? Já faz dois dias que não come em casa, gostaria de saber o motivo. Você está doente? O que exatamente está acontecendo?". "Não está acontecendo nada", respondi. "Nesse caso, gostaria que você fizesse suas refeições normalmente a partir de agora. E acima de tudo, não se esqueça que seu casamento acontecerá em três dias."

"Em três dias, é o que veremos", eu disse a mim mesma, decidida. No dia seguinte, continuei me recusando a comer. Na hora do almoço, enquanto eu estava no meu quarto, meu pai correu em minha direção e me bateu com um grande pedaço de pau. "Você está brincando comigo? Eu disse que não queria mais ver você recusar comida. Você está sendo teimosa há três dias. Vamos ver se você vai comer ou não hoje." Eu gritava a cada golpe que ele me desferia. Minha mãe e meus irmãos entraram correndo, tentando controlar meu pai, furioso, que me atacava com uma agressividade incomum. Para estar nesse estado, ele deve ter se sentido ferido em sua autoestima, em seu orgulho de pai. Sua autoridade "sagrada" estava sendo questionada. Isso é algo que ele não admitia. Eu também não aceitaria a intrusão em minha vida desse marido, que não era visto nem conhecido.

"Vou matá-la hoje", disse ele, em um acesso de cólera. Apesar de tudo, consegui escapar do quarto gritando que não queria aquele marido, enquanto a minha mãe e os meus irmãos tentavam acalmar o meu pai. Eu fugi de casa, mas, não querendo provocar escândalo, parei diante da casa em frente à nossa. E fiquei lá.

Pouco depois, meus irmãos vieram até mim, reclamando e pedindo que eu voltasse para casa. Eu não queria ouvir nada. Minha mãe enviou a empregada para a casa de uma de suas melhores amigas, que também era minha confidente e quase uma segunda mãe. Foi ela que me trouxe de volta após se certificar de que meu pai não me bateria novamente. A situação não tinha mudado muito para mim. Meus pais estavam dispostos a concordar comigo em tudo o que eu queria, exceto no que de fato importava: o divórcio. Para superar qualquer objeção, seu argumento era: "Ela não é a primeira a se casar sem querer, embora tenha dado seu consentimento quando

As palavras das pretas 63

o avô propôs casamento. E não será a última. Sua prima K. foi bem-casada com um homem que nunca tinha visto antes. E, no entanto, ela está bem feliz com o lindo menininho que teve". "Ah", eu disse a mim mesma, "se ter um filho é um sinal de felicidade conjugal, então, a menos que seja estéril, a felicidade não deve ser difícil de encontrar."

Então a amiga da minha mãe me levou a um quarto separado para que pudéssemos conversar, calmamente, sobre o problema que me opunha aos meus pais. Depois disso, ela foi consultá-los. Por fim, voltou e me disse: "Seu pai tem a firme intenção de matá-la e de se suicidar caso você se recuse a obedecer à decisão de seu avô. É preciso compreendê-lo. Ele sempre foi muito obediente com seus pais e seu avô materno, que é também tio dele. Você se lembra que, no dia do seu casamento, ele também deu uma de suas primas em casamento a um de seus irmãos mais velhos, que está a milhares de quilômetros de distância daqui? Ele vai estar na casa dos trinta em breve, enquanto sua prima tem apenas catorze anos. Não se deixe levar pelo desespero. Se é verdade que sou uma grande amiga para você, até mesmo uma 'madrinha', você não deve me recusar a única coisa que estou pedindo que você faça: peça perdão ao seu pai, dizendo-lhe que aceita o casamento". Eu estava com o coração apertado. Até mesmo a minha melhor amiga era conivente com os meus pais. Senti uma solidão imensa. Eu amava muito meu pai, porque ele é um homem íntegro, leal e honesto, que sempre tentou incutir em meus irmãos e em mim a ideia de obediência absoluta aos pais e aos mais velhos. Mas eu também me amo... Não sei como por fim cedi ao pedido da amiga de minha mãe.

Infelizmente o dia D, o dia do casamento, chegou. Para as festividades, meu avô havia enviado ovelhas para meus pais. Eles já haviam comprado algumas para os convidados. De manhã até a noite, membros da família chegavam de todas as partes. Quando a noite caiu, o jantar foi servido. Os amigos do meu marido estavam presentes, mas como eu não me sentia feliz, não convidei nenhuma das minhas amigas. No entanto, a maioria das minhas primas estava lá. Cercada por alguns parentes e amigos do meu marido, que estavam se divertindo com as piadas, jantei com meu marido. Por volta das 23h30, alguns convidados começaram a partir. Em seguida, a amiga da minha mãe, minha "madrinha", veio me buscar e me fazer algumas recomendações antes de me levar ao quarto nupcial. Na manhã seguinte, bem cedo, algumas das minhas tias voltaram para nossa casa. Todas e todos ficaram felizes em saber que eu era virgem. Não se preocupavam com o que eu havia suportado. Digo suportar porque se deitar virgem com um homem que você não ama e não conhece é, de certa forma, ser estuprada. Com a morte em minha alma, aceitei e me deixei ser tomada por esse homem. Ainda vejo o *pagne* branco que usei na noite do meu casamento, esse *pagne* maculado de sangue que minhas tias exibiam orgulhosamente como um sinal de minha virgindade. Pensando em tudo isso, digo a mim mesma que teria sido melhor me livrar da minha virgindade com Demba, o que teria envergonhado minhas tias. Talvez elas tivessem recorrido ao truque de derramar o sangue de uma galinha sobre o *pagne* da noiva. Essa encenação permite salvar a "honra" da família caso a jovem noiva tenha tomado algumas liberdades antes do casamento.

As palavras das pretas

Como manda a tradição, em alguns círculos, as festividades duraram uma semana, durante a qual foram trocados presentes entre a família do meu marido e a minha. Desde a minha noite de núpcias, não aceitei mais ter relações com ele. Como não consegui me divorciar convencendo meus pais, esperava que minha atitude pouco condescendente o levasse rapidamente a considerar essa solução. De fato, não satisfeito com a nova esposa, ele desfez o casamento alguns dias após o encerramento das comemorações.

Por fim, havia acontecido o que eu não esperava muito que acontecesse. Até onde eu saiba, fui a primeira a questionar indiretamente uma decisão vinda do meu avô, que casava, segundo a sua vontade, tanto os filhos como os sobrinhos, tanto as filhas como as sobrinhas e seus netos e netas. A única coisa que achava revolucionária nele era que ele apenas pedia aos pretendentes um dote modesto, que variava de cinquenta a 2500 francos CFA, enquanto em meu meio não é incomum que se peçam 50 mil ou 100 mil francos CFA, quando não mais, ao futuro noivo. Ao fazê-lo, ele não deixava de especificar ao pretendente: "Não estou lhe vendendo uma mercadoria. É minha filha (ou minha sobrinha, ou minha neta) que te dou em casamento". Se os pais do pretendente insistissem que meu avô recebesse mais dinheiro pelo dote, ele respondia: "Guarde esse dinheiro. Ele pode ser usado nas tarefas domésticas. Você terá muitas oportunidades para gastá-lo".

No entanto, além dessa quantia modesta, que, na verdade, é apenas simbólica, quais abusos não são cometidos por alguns sem o conhecimento do meu avô (despesas colossais na celebração do casamento)! Só aqueles que lhe obedecem cegamente se recusam a ir além de suas orientações.

Apesar de tudo, meu avô tinha grandes qualidades. Ele tinha um senso muito forte do humano (o humano concebido à sua maneira). Ele era muito mais apegado às virtudes humanas do que aos bens materiais. Mas sua visão geral do mundo não coincidia com a minha.

* * *

Tabara

Tenho 33 anos. Me casei pela primeira vez quando tinha dezesseis, com um homem que eu não havia escolhido para marido, um guarda-florestal. Por isso, fui tirada da escola. Após dois anos de convivência, a vida com esse homem, dez anos mais velho do que eu, era infernal. Ao menor conflito entre nós, ele me batia. Acabamos nos divorciando. Mas, durante nosso primeiro ano juntos, ele me deu um filho.

Três anos depois daquele casamento catastrófico, ou seja, quando completei dezenove anos, me apaixonei por um homem casado. Ele se divorciou da primeira esposa para se casar comigo. Com ele, acreditei na felicidade perfeita. Tivemos três crianças. Eu não trabalhava fora. Cuidava da nossa casa e das nossas crianças. Meu marido ganhava o suficiente para nos sustentar. Eu estava satisfeita com essa posição de dona de casa, embora às vezes me sentisse envergonhada pela dependência econômica e financeira em relação a ele. Às vezes me eram negadas coisas que eu gostaria de adquirir ou fazer. Meu marido era nove anos mais velho que eu. Era funcionário público.

As palavras das pretas 67

Nosso amor estava em sua melhor fase até o dia em que ele começou a sair tarde da noite ou em horários incomuns durante os fins de semana. Ele encontrava muitos pretextos para sair. Não podendo mais suportar seus caprichos, briguei com ele. Na semana seguinte, ele havia se acalmado. Evitou suas muitas saídas incomuns. "É preciso malhar o ferro enquanto está quente", eu costumava dizer a mim mesma. Mas logo me desiludi, porque, na semana seguinte, ele retomou seus maus hábitos. À noite, o ciúme e o medo de ficar sozinha em uma casa no subúrbio de Pikine, em Dakar, com meus filhos adormecidos como companhia, dominavam minha razão. Para me sentir menos só, chamei uma das minhas irmãs mais novas e uma das minhas primas mais jovens. Eu tentava ser paciente, mas em vão. Dois meses se passaram. Meu marido tomava cada vez mais liberdade. Não houve melhora em nosso relacionamento. As coisas iam de mal a pior entre nós. Então, desesperada, decidi voltar para a casa dos meus pais. Falei isso ao meu marido. Mais uma vez, ele contemporizou. Naquela época, eu estava grávida de seis meses. Ele saía, talvez sem o meu conhecimento, mas não de forma exagerada.

Três meses depois, dei à luz meu quarto filho. O terceiro que dei ao meu marido. Pedi permissão para passar um mês na casa dos meus pais (o tempo para me "recuperar" e voltar à forma). Na verdade, muitas vezes acontece de as mulheres jovens irem para a casa dos pais descansar um pouco após o parto. Para mim, era natural que eu pudesse fazer o mesmo. Quando voltei da licença, foi como se eu fosse uma "cadela de guarda". Meu relacionamento com meu marido se deteriorava dia a dia. Ele tinha arranjado uma amante. Percebi isso logo. Eu não sabia o que fazer. Eu amava meu marido e não queria me divorciar. Resolvi lutar. Mas quanto mais conciliadora eu me mostrava, mais insuportável ele se tornava. Quanto mais eu me resignava à paciência, mais ele parecia determinado a me testar, ou até mesmo a me provocar. Eu me sentia desprezada. Não suportando mais, me divorciei de novo. Cabe notar que, independentemente da atitude e do comportamento do meu marido, minhas relações com minhas cunhadas não me encorajavam. Eu era considerada antipática. Elas nunca perdiam uma oportunidade de me deixar mal com meu marido, que era muito apegado a seus pais, seus irmãos e suas irmãs.

Então me vi, mais uma vez, morando com meu pai e minha mãe, divorciada, com não só uma criança, mas quatro. Felizmente, meus pais conseguiam sustentar a mim e aos meus filhos. Meus dois ex-maridos não me pagavam nenhuma pensão. Eu passava muito bem sem eles. No entanto, desejei, naquele momento, ter um trabalho que me permitisse assegurar a minha independência econômica e financeira. Foi assim que surgiu a ideia de aprender datilografia. Tudo o que eu tinha era um certificado de conclusão do ensino médio. Se não tivessem me tirado da escola para me dar em casamento, nesse momento eu já teria terminado o ensino superior. Mas, infelizmente... Após dois anos de estudo, obtive o diploma de datilógrafa, o que me permitiu encontrar um emprego.

Como sou uma dessas pessoas que não conseguem conceber relações sexuais fora do casamento, me casei novamente três anos depois de conseguir meu diploma. Antes disso, eu tinha vivido cinco anos com meu segundo marido.

No meu terceiro casamento, me aconteceu uma coisa abominável. O homem que casou comigo estava impotente (im-

As palavras das pretas 69

potência acidental, "Xala", ou impotência congênita?). Tive que esperar seis meses antes de me separar desse homem, que me parecia sofrer de impotência congênita (eu não tinha provas de que se tratava de uma impotência provocada). Então, esses foram os três homens que conheci em um espaço de doze anos. Quando saí do terceiro divórcio, estava desiludida e decepcionada. Eu queria viver fechada em mim mesma. Mas isso era impossível. Senti a necessidade de alugar uma casa para me estabelecer com meus quatro filhos. Mas uma mulher solteira, que se divorciou várias vezes, que vive com seus quatro filhos tendo parentes com quem pode ficar, é malvista em alguns países da África negra. Isso é muito f... Tive que desistir do meu projeto, ou melhor, tentei desistir dessa necessidade concordando em ficar na casa dos meus pais. Dois anos depois, sob pressão das pessoas ao meu redor, concordei em fazer um casamento por conveniência. Meu pretendente se apresentou a mim como divorciado. Não pensei em me informar sobre sua situação matrimonial. Além disso, ele não morava no mesmo país que eu, embora fosse da minha etnia. Para meu grande pesar, eu soube, após o casamento, que ele era polígamo e não tinha de fato se divorciado de suas duas primeiras esposas. Na verdade, ele as abandonou uma após a outra, depois de ter deixado cada uma delas com vários filhos. Uma noite, enquanto estávamos em nosso quarto, ouvimos um toque da campainha. Meu marido foi abrir a porta. Uma mulher jovem entrou e pulou sobre mim como uma fera selvagem. Antes que eu me desse conta de qualquer coisa, ela tinha arranhado meu rosto, me chamando de todos os nomes. Meu marido, que estava bem ali, não levantou um dedinho sequer. Naquela época, eu não entendi o porquê. A intrusa estava em vantagem. Ainda assim, tive tempo para me recompor e sair da cama. E foi bem quando me vi fora da cama que ela jogou na direção do meu rosto o grande cinzeiro de mármore que meu marido havia trazido da Itália e que estava em sua mesa de cabeceira. Instintivamente, protegi o rosto com meu braço. Recebi então o golpe do cinzeiro no antebraço, que, como resultado, foi fraturado. Depois disso perdi a consciência. Quando voltei a mim, estava deitada em uma cama de hospital. Não só tive um antebraço fraturado, mas, além disso, acabei sofrendo um aborto. Eu estava grávida de dois meses e meio. Tudo isso aconteceu nas piores condições possíveis. Quando saí do hospital, estava muito deprimida. Não tentei entender nada. Tudo estava claro para mim, eu não tinha mais nada a ver com um homem desses, um homem de má-fé e, além disso, um covarde. Outro divórcio! Não podia apresentar queixa contra aquela pobre mulher. Não quis isso, pelo contrário, tive pena dela.

Hoje eu tenho 33 anos. Não quero me casar novamente por enquanto —, o que não significa que não farei isso. Tenho estudado. Eu leio muito fora do meu horário de trabalho. Estou rodeada de irmãos e irmãs que tiveram a sorte de fazer o ensino superior e converso frequentemente com eles. No entanto, não me arrependo dessas experiências. Elas abriram meus olhos para o casamento e para as relações entre homens e mulheres em nossa sociedade. Me dou conta de que as mulheres não têm valor em uma sociedade como a nossa. Os homens casam-se à vontade. Eles se divorciam quando e como

As palavras das pretas 71

bem entenderem. De minha parte, não aceitarei mais passar pelo tipo de vida que conheci vivendo como casal. Espero que as mulheres que sofreram tantos transtornos quanto eu, ou transtornos semelhantes, sejam mais reflexivas e vigilantes a partir de agora e não se deixem mais enganar.

★ ★ ★

Entrevista coletiva realizada na Guiné

Sete homens e oito mulheres, contando conosco, participaram do debate. Além de nós, apenas duas mulheres tomaram a palavra. Todos os homens participaram do debate.

Do lado dos homens:
GOUREÏSSI, cerca de 35 anos, administrador civil (ensino superior)
ALIOU, cerca de 30 anos, empregado na Marinha guineense (ensino superior)
THIERNO, cerca de 28 anos, acadêmico
MAMADOU, mais de 40 anos, administrador civil
BABA, operário
SOULEYMANE, administrador (ensino superior)
LAMINE, operário

Do lado das mulheres:
KHADIDIATOU, cerca de 25 anos, dona de casa (ensino médio)

Uma mulher divorciada, 35 anos (ensino médio)
Uma mulher casada (ensino superior em andamento)
Duas mulheres jovens (ensino médio)
Uma mulher casada (escola primária)
Uma mulher casada analfabeta

GOUREÏSSI: Tenho a impressão de que as mulheres guineenses atualmente tendem a se tornar muito mais emancipadas. Quanto a mim, como homem africano, talvez possa ser chamado de retrógrado, mas sou a favor do princípio de ter uma ou mais esposas. Porque as nossas mulheres guineenses têm hoje em dia o hábito de não trabalhar muito. Acho que em termos de produtividade e produção, se eu tiver três ou quatro mulheres, no final do ano vou acabar com mais três ou quatro campos. Eu acho que a mulher pode se emancipar. Isso é perfeitamente normal, mas os homens guineenses ainda precisam poder ter várias esposas. Por quê? Simplesmente porque o número de mulheres é maior que o de homens. Não é?

Risos (mulheres céticas).

ALIOU: Não partilho do seu ponto de vista sobre a necessidade de um guineense casar-se com várias mulheres. Para um agricultor que cultiva sua terra, casar-se com três ou quatro mulheres equivale a utilizá-las como mão de obra. E digo isso de um modo geral. Aqui na Guiné, nas aldeias, são sempre as mulheres que trabalham para os homens. Citarei o exemplo de um de meus parentes que estava em Boffa. Ele tinha quatro esposas; todas trabalhavam para ele. Por ser filho de um

As palavras das pretas 73

líder tribal, ele dizia a si mesmo que não deveria trabalhar. Eram suas esposas que trabalhavam para ele, cultivando seus campos. Ele passava o dia numa poltrona. Recebia visitas e organizava conferências nas quais falava sobre "qualquer coisa". Na verdade, era um ocioso que explorava suas esposas pura e simplesmente. Isso é compreensível porque, naquela época, o desenvolvimento da nossa sociedade não havia atingido o estágio em que vivemos hoje. Algumas realidades e algumas práticas não eram chocantes. "É bastante natural", diziam. Isso decorria, por um lado, da questão colonial e, por outro, dos costumes ancorados nas mentes das pessoas: a educação é orientada em uma determinada direção e faz da mulher um objeto para os homens. Com a nossa sociedade tendendo a se modernizar, houve esforços em diferentes sentidos, tanto do lado das mulheres como do lado dos homens. Foi em um congresso de mulheres que se decidiu pela supressão oficial da poligamia. No que diz respeito à igualdade de gênero, foi lançada uma campanha pela emancipação total das mulheres. Na Guiné, dizemos a nós mesmos que nossa luta diz respeito a todo o continente africano. Estamos buscando dar um certo exemplo, um caminho a ser seguido que possa inspirar outros Estados africanos no rumo da emancipação feminina. Na verdade, até que as mulheres estejam emancipadas, há uma porcentagem inteira da população que não participa das ações econômicas e das ações sociais. Em uma certa medida, a não emancipação das mulheres é um obstáculo ao desenvolvimento harmonioso do país. Novas situações exigem novas estruturas. E, nesse sentido, é inconcebível que uma categoria da sociedade, os homens, se oponha a outra, as mulheres, e que estas últimas sejam vítimas da intimidação e dos vícios da primeira. Obviamente a campanha pela emancipação das mulheres é aberta, mas, na prática, as coisas nem sempre saem como dizem, porque, dada a nossa educação e a nossa origem social, somos moldados de uma certa forma. Somos, de fato, o produto da nossa educação e do ambiente que nos gerou e, nesse sentido, há coisas que aceitamos mais facilmente do que outras, há concepções que, a priori, nos parecem um pouco fora daquilo que desejamos. Desde a independência, o Estado guineense tem procurado educar as massas populares: tanto os homens quanto as mulheres, e estas sobretudo, porque o problema da emancipação é um problema da sociedade, mas é antes de tudo um problema das mulheres. Elas são as primeiras a serem afetadas. Não podemos fazer nada por elas se não sentirmos nelas uma certa participação, um certo impulso no caminho que gostaríamos que seguissem.

NÓS: A questão colocada de início foi: O que você pensa das mulheres, e particularmente das mulheres guineenses? Na medida do possível, vocês devem nos dizer não o que as mulheres deveriam fazer nem o que elas deveriam ser, mas o que vocês realmente acham que elas são nesse momento.

ALIOU: Mas para compreender as mulheres ainda é necessário falar um pouco sobre o seu passado, o seu presente e o seu futuro.

NÓS: Que seja, mas você também falou da participação delas como se fosse futura ou hipotética.

As palavras das pretas   75

ALIOU: Sim, porque atualmente não é total. Hoje, as mulheres começam a se integrar, em grande medida, em diferentes setores da vida. Se a emancipação ainda não é total, não é porque a vontade não existe. Há uma vontade de fazer o bem no sentido da emancipação da mulher, mas como na sociedade as coisas não costumam ser feitas de forma espontânea, é necessário que tenhamos um pouco de paciência.

GOUREÏSSI: Acho que precisamos falar em termos mais concretos aqui, deixando de lado os problemas da teoria e de princípios. Mas é necessário olhar para as soluções para as quais estamos tendendo neste momento. Eu gostaria que nós abordássemos os problemas mais virulentos relativos à emancipação da mulher.

NÓS: Sim, falemos dos problemas concretos...

GOUREÏSSI: Os princípios são princípios. Nas obras existentes, podemos encontrar tudo de que precisamos sobre a linha política da Guiné em relação à emancipação das mulheres. Mas, ao discutir dessa forma, dizemos o que vivemos, o que constatamos e o que reprovamos nas mulheres, assim como o que desejaríamos ter, primeiro no nível da célula familiar, depois no nível da sociedade.

NÓS: Sim. Parece-me que a família é a célula mais representativa do Estado. Na verdade, não é de certa forma o Estado em miniatura? Portanto, seria necessário analisar os dois aspectos da questão: a família em um primeiro nível e, depois, como uma unidade representativa do Estado.

THIERNO: De minha parte, não acho que possamos falar sobre mulheres africanas em geral. Vou falar especificamente sobre a mulher guineense porque é ela que conheço. Para isso, gostaria de situá-la em dois períodos: antes da independência e durante a independência. Antes da independência, as mulheres eram usadas como instrumento: ela era escrava de um escravo. Era considerada uma força produtiva em benefício do homem.

NÓS: Acho que ela continua até o momento presente, já que Goureïssi diz que gostaria de ter várias esposas hoje em dia.

THIERNO: Essa é a velha mentalidade. A Guiné tinha, antes da independência, o rosto que foi descrito por Goureïssi. Por isso um homem sem profissão podia se casar com três, quatro ou dez esposas. Por exemplo, meu tio paterno que mora em K. teve mais de dez esposas. O que ele fazia? Era um chefe de cantão. Da manhã até a noite, estava lá ditando leis e dando ordens. Ele não fazia nada no sentido da produção de bens materiais. Eram suas esposas e seus escravos que trabalhavam (naquela época, ainda havia escravos). Assim, as mulheres foram relegadas ao nível mais baixo da sociedade. Além disso, a antiga sociedade guineense intimidava muito as mulheres. Se a virgindade era exigida na menina, no menino dificilmente era controlada. As mulheres guineenses eram forçadas a fazer muitas coisas das quais os homens eram dispensados, por exemplo, a excisão e a infibulação... Foi necessário esperar pela independência e o primeiro congresso das mulheres guineenses, em 1970, para que algumas contradições fossem

As palavras das pretas 77

dissipadas. Foi assim que esse congresso decidiu a luta contra a poligamia.

ALIOU: É bom notar: a luta contra a poligamia não começou em 1970, mas muito antes!

THIERNO: Sim, mas o congresso também a propôs.

ALIOU: Logo após a independência, foi lançada uma campanha com esse objetivo. Em peças de teatro, em discursos, em reuniões, a emancipação da mulher e a luta contra a poligamia eram problemas frequentemente tratados. Foi preciso esperar algum tempo até que essa luta fosse concretizada em direitos e deveres.

THIERNO: Efetivamente, não foi a partir de 1970 que a luta começou. Mas sabemos que desde a independência, pouco a pouco, se procurou integrar a mulher na produção.

NÓS: As mulheres não tentaram se integrar por si mesmas?

GOUREÏSSI: Sim, elas fizeram isso. Lutaram por isso. Elas participaram das principais lutas do país.

THIERNO: As mulheres têm sido uma força viva mesmo na luta pelo poder.

NÓS: As mulheres não seriam capazes de falar sobre isso?

(Silêncio das mulheres. Sem dúvida, elas ficaram intimidadas com a presença dos homens.)

THIERNO: Elas podem falar sobre isso, mas como não se decidem se vão fazê-lo, daremos a nossa opinião. Com efeito, foi necessário esperar a independência para marcar e manifestar essa emancipação da mulher. Foi assim que passamos a ter técnicas mulheres. Se ouvimos falar das mulheres na rádio guineense, foi só depois da independência.

ALIOU: Sim, mulheres guineenses na rádio guineense.

THIERNO: Sim. E para te dizer que os homens eram perversos com as mulheres, quando a lei contra a poligamia foi promulgada, houve muitas reações em certos círculos. Acreditava-se que, ao lutar contra os costumes, esse partido lutava contra os interesses do povo. Houve revoltas, pensava-se que a questão era se divorciar das antigas mulheres e escolher apenas uma que seria mantida como esposa. Essas eram algumas das interpretações que corriam por aí.

GOUREÏSSI: As mulheres no campo da economia procuram andar no mesmo passo que os homens.

THIERNO: Temos aqui na Guiné mulheres trabalhando na guarda civil, na polícia, assim como mulheres governadoras, deputadas, ministras...

NÓS: Mas não é necessário que as mulheres falem por si mesmas? Se preferimos fazer esta entrevista coletiva, é porque há mulheres e homens presentes aqui.

As palavras das pretas 79

(*Silêncio das mulheres.*)

ALIOU: Então você entende por que nossas irmãs são "inferiores" a nós até o momento atual. (*Risos.*)

MAMADOU: Aqui está a prova: todas elas estão em silêncio quando deveriam tomar a palavra.

NÓS: Esta manhã nos falaram de um complexo de inferioridade da mulher em relação ao homem. Eu não acreditava nisso, mas agora...

MAMADOU: Se é necessário que os homens sempre falem pelas mulheres, sobre seu futuro, sobre o que elas deveriam ser, isso significa que até agora elas não entenderam nada.

GOUREÏSSI: Não tenho razão em querer me casar com quinze mulheres?

(*Risos das mulheres e dos homens.*)

MAMADOU: Eu vou fazer uma pergunta a vocês, mulheres. Que tipo de relacionamento vocês gostariam de ter com seu marido?

KHADIDIATOU: Como eu não havia preparado nada...

GOUREÏSSI: Mas ninguém preparou nada!

KHADIDIATOU: Eu não esperava perguntas como essas. De qualquer forma, no que diz respeito ao meu relacionamento com meu marido, eu gostaria que fosse correto.

MAMADOU: Por exemplo, existem problemas que surgem. Decisões a serem tomadas.

KHADIDIATOU: Nesses casos, gostaria que meu marido me consultasse e discutíssemos os problemas juntos.

ALIOU: E, ao mesmo tempo, dar a ele uma parte da responsabilidade?

KHADIDIATOU: Sim.

GOUREÏSSI: Há quem diga sobre isso: quando concordo com minha esposa sobre um problema, é ela quem decide; quando discordamos, eu que decido. Isso não é verdade? É assim que geralmente funciona nas famílias. Eu gostaria de ter uma família moderna. Minha esposa e eu nos consultamos, discutimos. Mas muitas vezes a mulher não decide. Às vezes, quando ela se depara com um problema, diz: "Eu não sei, faça como quiser".

NÓS: Os maridos muitas vezes tomam decisões sem consultar a esposa.

GOUREÏSSI: Isso acontece, mas se deve principalmente ao fato de a mulher não querer participar da decisão. Acontece com frequência.

As palavras das pretas

THIERNO: Mas há também o orgulho macho do preto que entra em jogo.

GOUREÏSSI: Sim, esse é de fato um aspecto do problema.

MAMADOU: Lembro que fiz essa pergunta sobre as relações marido-mulher para que as mulheres digam como gostariam de viver em casa, com seus maridos, a maneira como concebem a educação dos filhos... e o que desaprovam em seus maridos.

BABA: Vamos supor que a sra. K. T. seja minha esposa. Ela aceitaria que eu estivesse ausente desde a manhã até as quatro da tarde? E assim que chego em casa saio até uma da manhã sem lhe avisar nada?

(*Reação forte.*)

KHADIDIATOU: Qual é a mulher que vai aceitar isso?

THIERNO: Essas são perguntas irrelevantes. Supérfluas.

ALIOU: Podem parecer irrelevantes, mas não deixam de ser profundas.

THIERNO: Classifiquemos a mulher nos diferentes campos da atividade social.

NÓS: É do domínio conjugal que estávamos falando.

ALIOU: Sim, é a base de tudo. Quando a mulher não está acostumada ao exercício da responsabilidade no lar, é difícil que possa exercê-la fora dele.

THIERNO: Quem deve ajudá-la nesse caso senão seu marido?

NÓS: O problema não é ajudar a mulher. Estamos tentando identificar uma realidade.

BABA: E se eu tentasse conquistar outra mulher, qual seria a reação normal da minha esposa?

(Silêncio das mulheres.)

THIERNO: Se Baba tem a intenção de se casar com outra mulher, ele acha que isso é perfeitamente certo. Mas assim que percebe que sua esposa o está traindo, ele imediatamente pede o divórcio. E quando ele quer se casar com uma segunda esposa, exige que a primeira se submeta aos seus caprichos e admita a presença da segunda. É assim que a posição dos homens contribui, entre outras coisas, para retardar a emancipação das mulheres. É necessário que os homens se coloquem no nível das mulheres para entendê-las melhor.

MAMADOU: Se as mulheres são iguais aos homens, não podemos aceitar o que você acabou de falar, porque está se contradizendo. Quando diz que os homens devem se colocar no mesmo nível das mulheres, isso significa que as mulheres são inferiores aos homens.

THIERNO: Não, não estou dizendo para se rebaixar ao nível da mulher, mas para se colocar no nível da mulher, ou melhor, para se colocar no lugar dela.

ALIOU: Na medida em que as mulheres são iguais aos homens perante a lei...

THIERNO: Em direitos e em deveres.

ALIOU: Sim, em direitos e em deveres, não consigo conceber um homem querendo se casar com uma segunda esposa e sua primeira esposa aceitando.

NÓS: É justamente por essa razão que gostaríamos que a palavra fosse dada a Baba, para que explique por que ele gostaria de se casar com uma segunda mulher quando já é casado com uma.

MAMADOU: Essa é uma pergunta dirigida aos homens.

BABA: Aqui na Guiné, quando um homem monogâmico ou poligâmico tem problemas em seu lar, ele tende a se casar com uma segunda (ou terceira...) mulher.

NÓS: Em vez de tentar resolver seus problemas?

BABA: Ele não se divorcia, continua com as primeiras esposas e casa com outra.

MAMADOU: Em algum momento, a primeira mulher se revolta, e com justa razão. Ou ela se divorcia dele ou vai ao tribunal; caso contrário, se submete. As coesposas geralmente fazem o mesmo.

SOULEYMANE: Sim, mas agora, para que um homem possa se casar outra vez, depende da primeira esposa.

GOUREÏSSI: Nem sempre é porque ele tem problemas com a esposa que o homem se casa com outra. Isso pode ser simplesmente um vício: tentar mudar todas as vezes.

NÓS: Mudar?

THIERNO: Pode ser o gosto pela novidade.

NÓS: Isso não é uma desculpa para a poligamia? Os homens se arrogam todos os direitos, as mulheres não têm nenhum.

(*Aquiescência das mulheres. Os homens sorriem.*)

THIERNO: Isso não é uma desculpa, é uma inconsistência.

ALIOU: Isso é irresponsabilidade.

THIERNO: Por que um homem se arroga o direito de se casar com uma dúzia de mulheres quando não dá a uma única delas o direito de ter um amante, muito menos de se casar com dois homens ao mesmo tempo?

As palavras das pretas

ALIOU: Isso é egoísmo. É desprezo pelas mulheres. Mas se isso acontece, é porque a mulher não é responsável. Porque se a mulher fosse realmente responsável, nunca ocorreria ao homem a ideia de se casar com uma segunda mulher, porque ele sabe que ao seu lado há uma pessoa que simplesmente não aceita ser pisoteada.

MULHER DIVORCIADA: Basta pensar!

LAMINE: Mas você é muito ingênuo!

(*Silêncio.*)

KHADIDIATOU: Goureïssi, por que é que você falou de três ou quatro mulheres antes?

GOUREÏSSI: Não, eu disse que eram cerca de quinze.

NÓS: Mas você poderia nos dizer quantas você tem hoje?

GOUREÏSSI: Eu? Eu tenho uma. (*Pequena risada.*) Mas você teria que me perguntar quantas na verdade eu desejaria ter. Sinceramente, com a que eu tenho, se eu pudesse ter meia esposa, eu teria aceitado só meia esposa. Mas no ambiente guineense atual, eu necessitaria de quinze mulheres. Porque observei que as mulheres guineenses não trabalham muito. Elas se tornaram preguiçosas. Elas se "emanciparam". Para muitas delas, a emancipação significa ser preguiçosa, vestir-se bem, sair para passear e não se preocupar com as crianças. Elas negligenciam seus deveres em favor de muitas outras coisas menos importantes. No entanto, como homem, no ambiente guineense, você ainda pode impor essas coisas a uma mulher.

NÓS: Por que impor se existe igualdade?

GOUREÏSSI: Não, espere, deixe-me explicar. Eu digo isso porque no ambiente guineense de hoje eu precisaria de quinze esposas. Porque essa igualdade entre homens e mulheres ainda não é efetiva. Então, se eu tiver duas esposas e as coisas não forem bem com uma, vou abandoná-la em favor da segunda, obrigando assim a primeira a se comportar como eu quero. Se eu tiver três fica ainda mais fácil. E se forem quinze, boto todas para trabalhar. Assim faria com que caminhassem nessa direção.

NÓS: Isso que você diz está cheio de exploração e opressão.

GOUREÏSSI: Mas eu as obrigo a trabalhar.

MAMADOU: Obrigá-las a trabalhar é uma coisa boa, mas não acho que seja a maneira correta de fazer isso.

NÓS: Elas podem trabalhar por vontade própria sem estarem ligadas a um sistema poligâmico.

MAMADOU: Eu não concordo com Goureïssi porque ele se dá direitos que não deveria ter e que a lei não lhe concede. Ele se põe fora do alcance da igualdade entre homens e mulheres em termos de direitos e deveres.

As palavras das pretas

KHADIDIATOU: Eu também não, eu não concordo com Goureïssi.

(Protestos silenciosos das mulheres, mas sem tomarem a palavra.)

★ ★ ★

Mouna

(43 anos, casada com um líder religioso muçulmano, dez filhos. Dona de casa.)

Sou casada desde os dezesseis anos de idade. Tive doze filhos com meu marido, dois dos quais morreram ainda muito novos. Eu sou a primeira esposa do meu marido. Tive treze coesposas, nove das quais eram divorciadas, todas de idades diferentes. A mais nova tem vinte anos, enquanto meu marido tem mais de cinquenta. Não vivíamos todas numa mesma propriedade, nem na mesma cidade. Hoje, somos quatro e moramos na mesma casa, de acordo com a vontade de nosso marido. Ele viaja com frequência. Nós o vemos muito pouco. Sendo a primeira esposa, testemunhei tudo o que aconteceu em nossa casa. Quando é recém-chegada, a esposa é paparicada e bajulada. Vira o objeto de mil e uma atenções por parte do marido. Algum tempo mais tarde, ela se vê destronada em favor de uma nova coesposa, ou de uma nova viagem que nosso marido tem que fazer. Desse ponto de vista, a vida conjugal parece insuportável. Desde que busquemos agradar, desde que sejamos dóceis, "apagadas" e fiéis, não há problemas entre nós e nosso marido, ou melhor, ele não tem nada a nos censurar. Não importa que não estejamos satisfeitas com a vida que levamos. Já se passaram dois anos desde que tive "relações" com meu marido. Minhas coesposas e eu fomos quase todas largadas em favor da nova esposa, que é seis anos mais jovem que meu filho mais velho e quatro anos mais jovem que minha filha mais velha.

Abandonada, eu não podia fazer o que algumas de minhas coesposas haviam feito, isto é, me divorciar ou arrumar um amante; eu estava obcecada com o futuro dos meus filhos. O que aconteceria com eles se eu me separasse de seu pai? O mais velho tem 26 anos e o mais novo tem apenas três. Meu filho mais velho e suas duas irmãs mais novas já se casaram. Eles me encorajam a não me divorciar e a cuidar dos mais novos. Mas é mesmo necessário ter que fazer do limão uma limonada?

Vejamos a situação que minhas coesposas estão enfrentando. A mais nova delas adquiriu o hábito de ter um amante ou dois toda vez que nosso marido viaja por um tempo mais longo. Foi assim que engravidou do amante enquanto nosso marido ainda não havia voltado. Isso aconteceu três vezes seguidas; em cada uma houve divórcio. Recentemente, uma de minhas coesposas, que está na casa dos trinta anos, sentindo-se desprezada desde que a esposa mais recente de nosso marido veio morar conosco, não hesitou em ceder aos avanços de um dos fiéis dele. Encontravam-se sem constrangimentos. Hoje, suspeita-se que seu último filho não seja de nosso marido, mas do amante. Sem saber de nada, ou cansado desse tipo de incidente, nosso marido batizou a criança como se fosse sua. Os amantes continuam a se ver como antes.

As palavras das pretas 89

De minha parte, nunca conheci outro homem além de meu marido. Recebi uma educação tradicional e severa. Por mais que a ideia do divórcio tenha passado pela minha cabeça, nunca me ocorreu trair meu marido. Mas isso não significa que eu condene minhas coesposas. Não estou condenando nem as três mulheres que se divorciaram por adultério nem as outras seis que se divorciaram porque não suportavam essa vida poligâmica. Entendo todas perfeitamente. Elas são jovens. Elas têm o desejo de ser amadas e de se sentir vivas. É preciso reconhecer que o convívio a três — um homem e duas mulheres — não é de forma alguma comparável a um convívio a dois, muito menos a uma família polígama com N mulheres. A insatisfação, a negligência, o abandono são muitas vezes as causas dessa reação que lança a mulher em outros braços que não os do seu marido.

NÓS: Você não acha que está sendo dura demais com você mesma e indulgente com suas coesposas? Aos 43 anos, você ainda é jovem.

MOUNA: Oh! Eu já sou avó.

NÓS: Isso não importa. Você ainda é jovem. Enfim, você acha que a situação da esposa de um líder religioso é confortável?

MOUNA: Confortável? Não sei. Mas posso assegurar a você que, para além do respeito prestado a um líder religioso, suas mulheres também são respeitadas pelos seus fiéis. Alguns chegam ao ponto de venerar a mulher favorecida pelo líder; e isso pode acontecer por fanatismo ou por interesse. Eu tive uma experiência rica. Ela me ensinou a entender as mulheres e um pouco a mim mesma. Se eu tivesse que reconstruir minha vida, mesmo na minha idade e com todos os filhos que tenho, eu não teria problemas. E isso porque já vi muitos... precisei suportar muitos.

NÓS: O que pode ser feito em uma situação como a sua?

MOUNA: Se você não se divorciar, não há mais nada a fazer a não ser resignar-se. A religião muçulmana é rigorosa nisso.

NÓS: Então, na sua opinião, não há outra solução que não seja o divórcio ou a devoção?

MOUNA: Como uma muçulmana, não consigo pensar em mais nada.

* * *

Mulher jovem
(18 anos. Mãe solteira. Analfabeta, de religião muçulmana, filha de pai líder religioso. Maliana.)

Venho de uma família muçulmana. Meu pai é um líder religioso. Nenhum dos meus irmãos e irmãs foi para a escola francesa. Não temos nenhuma outra formação além da corânica. As decisões são sempre tomadas por meu pai, mesmo quando se trata dos filhos adultos. Foi assim que dois dos meus irmãos mais velhos e duas das minhas irmãs se casa-

As palavras das pretas

ram sem serem consultados. Nenhum deles sentiu a necessidade de protestar. Meu pai é tão venerado por seus seguidores quanto temido por suas esposas e filhos.

Há um ano, eu esperava um filho de um homem com quem meu pai não queria que eu me casasse. Hoje eu deveria ter essa criança em meus braços, mas infelizmente ela faleceu.

Desfazendo-se em lágrimas, nossa interlocutora não conseguiu continuar sua história. Soubemos, mais tarde, pela família, que ela mesma havia enterrado o filho logo após o nascimento dele, no pátio de casa, com a cumplicidade de sua mãe e de uma terceira pessoa. Seu pai era polígamo, sua mãe tinha várias coesposas: três, para ser mais precisa, e nove filhos. Ela pensava que a gestação exporia não só a filha, mas também a ela própria — seu marido, sabendo da notícia, poderia repudiá-la e expulsá-la de casa com a filha. Em países altamente islamizados, uma jovem que engravida sem ter sido casada é considerada uma mulher de má reputação. O mesmo vale para todas as mães solteiras. Era fora de questão o pai saber da condição da filha ou do parto. Daí uma gravidez dissimulada. Em seguida, um infanticídio.

O corpo, enterrado às pressas no pátio da casa, foi encontrado alguns dias depois, revelando esse crime hediondo. O pai da mãe solteira nunca foi informado do ocorrido. De quem é a culpa? Da sociedade? Não é culpa sua? Não é minha culpa? Não é por causa da intransigência de um homem que aterroriza tanto as suas esposas como os seus filhos? Não é esse terror a causa desse infanticídio? Para além desse terror, não é o patriarcado que age, que proclama seu nome? Qual é o objetivo de tal terrorismo? Desumanizar, assassinar.

A covardia dos homens (que "emprenham" mulheres com quem não são casados, que não têm intenção de se casar ou viver em união estável, nem mesmo de reconhecer seus filhos e de se responsabilizar por eles), somada ao terror que o pai ou irmão exerce sobre as mulheres, engendram o abandono dos filhos ou o infanticídio. É assim que acontece na África negra — mas o caso é bastante raro — de uma criança ser encontrada abandonada nas proximidades de uma igreja, ou em um caixote no lixo. Não é por falta de afeto materno que uma mulher abandona seu filho; a angústia em sua alma a leva a se separar desse ser que viveu nela durante nove meses: seu bebê. Preta, branca, amarela, toda mulher que abandona sua criança deve ser condenada? Se ela desejasse a vinda ao mundo desse filho, se fosse capaz de sustentar as necessidades materiais da educação dele e pudesse desafiar um sistema patriarcal, não teria ela agido de outra forma?

* * *

Coumba
(27 anos. Operária na indústria de manufatura. Fula. Senegalesa.)

Sou casada com um operário polígamo que trabalha na mesma fábrica que eu. De fato, foi lá que nos conhecemos. Casados há seis anos, tivemos dois filhos. Desde o ano passado, nossa casa deixou de ser monogâmica, com a chegada de uma nova mulher: a segunda esposa do meu marido. Até então, não tínhamos tido nenhum problema de fim de mês. Mas, há algum tempo, nossa água e eletricidade vêm sendo frequente-

As palavras das pretas 93

mente cortadas. Nossos dois salários de classe operária não
são suficientes para cobrir as despesas de um lar polígamo.
Minha coesposa, uma jovem de dezessete anos, não trabalha. Está grávida neste momento e depende economicamente
do nosso marido. Muito caprichosa, ela o levou a despesas
insanas. Antes do vigésimo dia de cada mês já estamos praticamente sem dinheiro, o que significa que precisamos pedir um adiantamento do nosso salário ou nos endividar. Os
aluguéis estão atrasados. Mas temos de garantir pelo menos
a alimentação dos nossos filhos. Não é nada agradável viver
assim. Nem fácil.

NÓS: Você acha que essa situação mudará em breve e que seus
problemas serão resolvidos?

COUMBA: Acredito que tudo irá de mal a pior ou então muito
bem.

NÓS: Como assim?

COUMBA: Ou bem continuamos a nos afundar em dívidas e
seremos despejados um dia, ou então meu marido encontra
uma maneira de suprir as necessidades de uma família poligâmica. Não fui consultada quanto ao segundo casamento
do meu marido. Fui informada de sua intenção de se casar
novamente apenas no último momento. Ele que se resolva,
já que criou esses problemas para si mesmo. Caso contrário, haverá divórcio vindo ou da minha coesposa ou de mim
mesma, porque não vou trabalhar para engordar ela, que não

tem outra preocupação senão se enfeitar e esperar que nosso marido volte para casa todas as noites.

* * *

Mulher jovem
(*38 anos, casada com um bígamo.*)

Antes dos onze anos, fiquei órfã de pai e mãe. Casada aos quinze, vivo com meu marido e uma coesposa nesta aldeia, onde nasceram meus oito filhos. Meu marido se tornou bígamo há doze anos. Minha coesposa e eu vivemos em muito bons termos. Nosso relacionamento é ótimo. Na verdade, eu queria muito que meu marido se casasse com uma segunda esposa, porque eu não aguentava mais, com meus muitos filhos, cuidar não só da casa, mas também dos campos. Meu marido é agricultor, mas eu faço boa parte dos trabalhos no campo. Sentindo a necessidade de algum apoio, não hesitei em propor que se casasse com outra mulher. Ela me ajuda agora. Digamos que desde que ela chegou em nossa casa compartilhamos tudo: tarefas domésticas e trabalhos do campo. E, neste momento, não me arrependo de ter sugerido ao meu marido que ele tivesse uma segunda esposa. Hoje, vejo nela uma aliada; ela me ajuda em todas as coisas. Nos demos conta de que temos interesses em comum. Normalmente, durante a estação chuvosa, se não tivermos nenhum impedimento (gravidez muito avançada, doença etc.), passamos a maior parte do tempo cultivando os campos de nosso marido. No entanto, percebemos uma coisa: após a estação chuvosa, ele se encarrega de vender a colheita na cidade enquanto ficamos no vilarejo. Quando ele volta, tem o cuidado de trazer mantimentos, às vezes compra algumas roupas para nós e para as crianças, mas quase nunca nos dá dinheiro além daquele com o qual fazemos as compras para preparar a comida do dia a dia. Temos necessidades que não podemos satisfazer. Nós nos privamos por muito tempo, minha coesposa e eu, mas hoje, que há progresso em nossas colheitas e tudo está melhorando, gostaríamos de sofrer menos, mas, infelizmente, não é o que acontece.

Hoje em dia, o que não gostamos muito e censuramos bastante em nosso marido é que ele gasta muito dinheiro fora e está pensando em ter uma terceira esposa. Não é o desejo de minha coesposa nem o meu. Neste momento ele vem cortejando uma garota muito jovem, de dezesseis anos. Não precisamos de mais ajuda, minha coesposa e eu, nos arranjamos bem. Em vez disso, preferimos que nosso marido nos ajude para que não sejamos mais privadas das coisas que podemos obter com nosso trabalho. Mas o lamentável é que, como na maioria dos grupos étnicos e sociedades africanas, o marido tem direito a tudo; ou seja, ele pode dispor não apenas dos bens dele, mas também dos nossos. Neste momento, não posso fazer nada contra ele, tampouco minha coesposa, ainda que não aprovemos seus projetos. Nós lhe explicamos isso, mas em vão.

* * *

Ekanem

(*40 anos. Nigeriana. Professora.*)

Sou, assim como meu marido, professora de inglês em uma escola secundária. Tenho quarenta anos. Me casei no civil. Meu marido e eu tivemos o que chamam de casamento por amor. Nos conhecemos na escola secundária. Depois, tivemos que fazer nossos estudos na Inglaterra. Continuamos nos encontrando. Após morarmos juntos por um ano, nos casamos. De volta à Nigéria, vivemos de uma maneira bastante original para aqueles que nos rodeiam. Na verdade, dificilmente podemos ser considerados um casal conformista. Em outras palavras, questionamos muitas coisas sobre os costumes tradicionais. Digamos que vivemos em um certo relaxamento da moral. Isso choca muita gente, mas é uma escolha consciente.

Escolhi deliberadamente realizar meus estudos bem longe, para não ter que desempenhar o papel de escrava doméstica no futuro. Sempre me senti aviltada pela imagem dessas mulheres passivas e fatalistas, acorrentadas a uma prisão doméstica. Da mesma forma, sempre senti pena delas, o que talvez tenha me motivado, em parte, a ir o mais longe possível para poder garantir independência econômica. Sou mãe de cinco filhos. Meu marido e eu cuidamos deles juntos. Dependendo dos nossos horários, eu ou ele deixamos ou buscamos as crianças na escola. O mais velho tem dez anos e o mais novo dois. Meu marido sempre aceitou que, fora do horário de trabalho da empregada, dividíssemos as tarefas domésticas. Ele também concordava prontamente em trocar as crianças ou dar banho nelas quando eu estava ocupada

As palavras das pretas 97

fazendo outra coisa. Aqui na Nigéria, algumas pessoas não apreciavam nosso modo de vida porque era ocidentalizado demais. Tinha gente que não hesitava em dizer que era eu quem "usava cueca" na minha casa, e que eu levava meu marido no cabresto. Foi o caso de muitos membros da família do meu sogro e minha sogra. De fato, na África negra, estamos mais acostumados a ver o homem trabalhar para garantir o pão de cada dia da família e depois não ter tarefas domésticas a cumprir. É a tradição. Quando ele sai disso, é comum dizer que se deixa dominar pela esposa.

Decididos a lutar com unhas e dentes, quando começamos a viver juntos meu marido e eu nos comprometemos a ir contra o formalismo. Essa prática nos rendeu críticas e julgamentos que eram — para nós — os menos fundamentados. No entanto, chegou um momento em que ele se cansou de todos esses comentários depreciativos, e a divisão das tarefas domésticas foi ficando repugnante. Cuidar de nossos filhos tornou-se fora de questão para ele. No início, não me importei, porque morávamos com um primo que ajudava nas tarefas domésticas. Mas ainda fervo de raiva quando me lembro das palavras que algumas pessoas faziam questão de repetir quando vinham à minha casa: "É a mulher que tem de sofrer pelo homem se quiser ir para o paraíso, e não o contrário". "Está no Alcorão", acrescentavam. Muitas vezes senti vontade de dizer a eles: "Merda, cuide da sua vida". Mas o respeito que tenho o "dever" de demonstrar me impediu de fazer isso, dada a sociedade em que vivo.

Por fim, meu marido perdeu todo o interesse pelas tarefas domésticas. Lutei para ser paciente, até o dia em que descobri que ele tinha uma amante. Foi então que não hesitei mais em falar o que pensava, mas de uma forma razoável. Em resumo, lhe disse que não o deixaria fazer nada comigo se ele não quisesse ouvir a razão. Ele então me respondeu que não havia nada entre ele e essa mulher que diziam ser sua amante. Alguns dias depois, no entanto, tive a confirmação do contrário.

Sem demora (por desafio ou despeito, nem sei mais), me tornei amante de um de seus melhores amigos. Quando soube, ele ficou furioso. Eu estava pronta para continuar a botar chifres nele, mesmo sem querer de verdade. Ele então rompeu com a amante e voltou a agir melhor. Eu amava meu marido e sabia que ele me amava. O divórcio estava fora de cogitação para mim.

Hoje, somos menos permeáveis às críticas e observações externas sobre nosso lar. Isso facilita, e muito, nossa vida em comum.

★ ★ ★

Mulher jovem
(*30 anos, licenciada em letras. Professora.*)

Tive uma vida nada parecida com a que minhas mais velhas tiveram. Até o ensino médio, foi tudo muito estável na minha família. Depois dos estudos secundários, precisei assumir responsabilidades porque, pela primeira vez, deixei a casa dos meus pais para morar em um dormitório universitário.

As palavras das pretas

O fim do ensino médio marcou o início de uma abertura para a iniciação política. Foi assim que, em contato com rapazes, tive que formar opiniões sobre vários problemas com os quais não havia sido confrontada até então (política, sexualidade...). Acabei militando em uma organização estudantil e vivendo com um rapaz que era estudante na época. Quando meus pais descobriram, foi um escândalo. De fato, venho de uma família muito tradicionalista, que não concebe de forma alguma que uma jovem possa ter liberdade sexual antes de se casar. Como ativista, variei entre parceiros sexuais por um motivo ou outro (fosse porque tínhamos contradições ou divergências...). Por fim, depois de morar por um ano com esse rapaz que também era estudante, decidimos nos casar. Meus pais não concordaram de modo algum. Teriam preferido escolher um "bom partido" como marido para sua filha. Não precisei pensar muito antes de decidir. Meu futuro estava em jogo. Rompi com minha família. Casei. Lamento ter sido forçada a romper com minha família, mas não poderia fazer de outra forma. Tive dois filhos desse casamento. Meus pais hoje tentam timidamente restabelecer laços comigo. Não os culpo por nada.

PARTE II

Dos males das mulheres negro-africanas

Os problemas que as mulheres negras enfrentam são múltiplos. Sejam elas oriundas das Antilhas, das Américas ou da África, essas mulheres têm dificuldades muito diferentes das que sofrem suas irmãs brancas ou amarelas, embora todas as questões femininas, no fundo, se sobreponham. As mulheres têm em comum sua condição de exploradas e oprimidas pelo mesmo sistema falocrático, "negro", "branco" ou "amarelo". Não é incomum encontrar mulheres agredidas na África ou na Europa, mulheres cujos maridos são polígamos, seja de forma institucional ou ilegal. Essa poligamia lhes é imposta. As mulheres são, ainda hoje, consideradas objetos, subseres humanos. É como se estivéssemos lhes negando uma consciência humana. O exemplo mais evidente é o das meninas que são casadas ou prometidas desde o nascimento. É assim que em um país como o Mali, particularmente na região de Ségou, podemos ver famílias em que todas as meninas são prometidas a partir de uma idade precoce ou até mesmo desde o nascimento. A explicação oferecida — verdadeira ou falsa — é que os homens tendem a praticar a poligamia, bastante comum na região, o que levaria a uma escassez de mulheres. Mas é apenas uma hipótese. Se isso explica em parte tal prática, não a justifica, de modo algum. Em alguns grupos étnicos, como os tuculor e os fulas, essa prática é considerada uma tradição.

Por vezes, é por razões de prestígio social que alguns desses casamentos são contraídos. Quando um homem se casa com uma jovem de uma "boa família", adquire mais prestígio social, mais respeito. É assim que homens se apressam em pedir para seu filho já nascido a mão de uma menina que ainda nem foi concebida.

Seja qual for o Estado da África negra, a poligamia parece grassar em todos os lugares. Na Guiné, país que se afirma progressista, onde o chefe de Estado Ahmed Sékou Touré optou por um regime socialista, a mulher ainda se vê confrontada com problemas vividos por suas irmãs senegalesas, malianas, ganenses, nigerianas... A poligamia persiste no país, embora tenham sido tomadas medidas não para proibi-la, mas para limitar o número dos que a praticam. Assim, lemos em *Érotisme africain* [Erotismo africano]:

> As mulheres guineenses não devem ser instrumentos de produção na vida econômica da nação, nem um instrumento doméstico na vida familiar. Elas devem se tornar trabalhadoras conscientes da construção econômica da nação e parceiras plenas em nossos lares. [...] Jovens da Guiné, a poligamia está em suas mãos, vocês podem mantê-la ou acabar com ela, dependendo da qualidade de sua educação e da firmeza de sua vontade de construir uma nova África, para sempre livre da inferioridade e da opressão das mulheres.[2]

Após citar estas palavras do sr. Sékou Touré, presidente da República da Guiné, Pierre Hanry acrescenta, mais adiante em seu texto: "Em 1965, como em todos os campos em que foi exercida, infelizmente, a ação revolucionária do Secretário-

Dos males das mulheres negro-africanas   105

-Geral do Partido Democrático da Guiné também não parecia ter 'ultrapassado o estágio do verbalismo'".[3]

É certo que a poligamia ainda hoje é praticada na Guiné, mas talvez seja um erro apoiar esse ponto de vista de Hanry. É até mesmo um falso problema, uma cegueira, consciente ou não, colocá-lo dessa maneira. De fato, não é por meio de medidas arbitrárias não compreendidas pelas massas populares (e sobretudo pelas principais interessadas, as mulheres) que se chegará a uma igualdade em direitos e deveres, os quais ainda precisam ser redefinidos. Apenas por meio de uma luta constante as mulheres conseguirão conquistar as medidas, as porções de igualdade e, enfim, uma igualdade notada por todos, imposta a todos.

É necessária uma reorganização dos orçamentos dos Estados negro-africanos. Uma reorganização social também. Os costumes devem ser reconsiderados, pois para a libertação efetiva da mulher é indispensável uma reconversão das mentalidades. Na verdade, é necessário realizar uma reviravolta total nas estruturas coloniais ou neocoloniais existentes na África negra; muito mais, uma revolução radical. Conceber a libertação da mulher negro-africana em outros termos é iludir-se. Dizemos "libertação" das mulheres, um termo que preferimos em vez de "emancipação", que conota a priori a ideia de uma "infantilidade característica" das mulheres. Isso é o equivalente a reduzir a mulher a uma criança que deveria ser emancipada. E não é o que muitas pessoas pensam? Talvez seja nesse sentido que a escravização das mulheres deva ser entendida.

Com o cristianismo, apenas no século XVI as mulheres foram reconhecidas como tendo uma alma. Quanto tempo mais será necessário para que essa entidade seja reconhecida nos povos negros e, sobretudo, nas mulheres negras?

Em termos práticos, o que dizer da poligamia, deixando de lado as considerações religiosas? Na França ou em qualquer outro país europeu, uma mulher cujo marido pratica a poligamia não oficial, ou seja, que tem uma ou diversas amantes, conta com o direito legal de confrontá-lo, seja pedindo o divórcio ou fazendo com que o homem demonstre mais consideração por ela. Uma mulher muçulmana que vive em um sistema de poligamia institucionalizada não pode adotar essa abordagem, pois não há nada que lhe permita isso. Além do mais, essa abordagem pareceria absurda no contexto da África negra, onde o casamento é em geral religioso, e não civil. Essa diferença entre a situação das mulheres negras e a das brancas pode ser vista em quase todos os níveis, e eis aqui a razão fundamental pela qual dizemos que a luta das mulheres negras e a das mulheres brancas não se situam no mesmo patamar. A maioria das mulheres europeias tem tudo de que precisa, enquanto as mulheres negras estão apenas tentando sobreviver, em termos tanto institucionais quanto de condições de vida. Em outras palavras, a luta das mulheres — mesmo que não leve a uma revolução radical na sociedade e em suas estruturas (na totalidade) — rende mais frutos imediatamente para as europeias. Existem níveis de luta que não são todos idênticos para as mulheres negras ou para as europeias. As primeiras precisam lutar contra o colonialismo ou o neocolonialismo, o capitalismo e o sistema patriarcal. As últimas lutam apenas contra o capitalismo e o patriarcado.

1. A clitoridectomia e a infibulação

Depois de separar os grandes e os pequenos lábios da menina com os dedos, a matrona os fixa na carne, de cada lado das coxas, por meio de grandes espinhos. Com a faca de cozinha, abre o prepúcio do clitóris e em seguida o corta. Enquanto outra mulher limpa o sangue com um pano, a mãe cava um buraco ao longo do clitóris com a unha para dissecar o órgão. A menina urra desesperadamente, mas ninguém se importa, e a mãe termina por arrancar o clitóris, que remove e extirpa com a ponta de sua faca. A ajudante limpa com uma esponja o sangue que jorra novamente. A mãe levanta a pele com o polegar e o dedo indicador para desobstruir completamente a carne, então cava um buraco profundo com a mão, de onde jorra sangue. As vizinhas, convidadas a controlar a operação, mergulham o dedo indicador na ferida, uma após a outra, para se certificarem de que o clitóris foi completamente removido.

Em seguida, o procedimento continua:

Depois de um breve momento de descanso, a mãe pega a faca novamente e corta os pequenos lábios... Ela então expõe a borda dos grandes lábios esfolando-os com sua faca... Quando o ferimento está em carne viva, ela faz várias incisões no sentido do comprimento, depois repica com uma faca... Depois que a esfola é concluída conforme as regras, a mãe recompõe os grandes lábios, que agora estão ensanguentados, e os fixa um contra o outro com longos espinhos de acácia... A mãe termina sua intervenção, tomando o cuidado de deixar um orifício bem estreito, destinado a permitir a passagem apenas da urina e da menstruação.[4]

Da origem da excisão e da infibulação

Hoje em dia, quem pratica a excisão? E a infibulação? Em que lugar do mundo?

A excisão e a infibulação são praticadas na África negra, tanto por muçulmanos como por cristãos e animistas. É o caso, entre outros, dos tuculor, dos diola, dos mandinga e dos serer niominka (e não em sua totalidade). Em alguns Estados árabes, pelos muçulmanos. Dada a polêmica entre os que são a favor desses procedimentos e os que são pura e simplesmente a favor da sua supressão, é necessário um estudo das suas raízes.

Costuma-se dizer que a excisão é uma prática que faz parte do Islã. No entanto, no Alcorão, a base da religião muçulmana, não há qualquer alusão a esse assunto; a religião muçulmana não é de forma alguma a fonte disso. Então, por que a excisão — em geral — está ligada ao Islã? Após entrevistar cronistas árabes e líderes religiosos muçulmanos negro-africanos, retivemos, em essência, o que se segue.

Muito antes do profeta Maomé, havia um profeta chamado Abraão. Casado com sua prima Sara, ele foi para Gerar, onde reinava o rei Abimeleque, cuja ocupação favorita era raptar todas as mulheres bonitas de seus maridos. Acontece que Sara era de uma beleza notável, e o rei não hesitou em tentar roubá-la

A clitoridectomia e a infibulação 109

do marido. Um poder sobrenatural o impediu de abusar dela, e ele ficou tão surpreso que a libertou, mandando-a para casa depois de lhe dar uma escrava chamada Hagar. Sara e seu marido viveram por muito tempo sem ter filhos, até que Abraão acabou se casando com Hagar. Alguns dizem que foi Sara quem pediu que ele tomasse sua escrava como esposa, pois não era capaz de lhe dar um filho. O fato é que ambas — Sara e Hagar — tornaram-se coesposas. Abraão teve um filho com Hagar, Ismael, e um com Sara, Isaque.

A relação entre as duas mulheres se deteriorou. Assim, um belo dia Sara acabou por excisar Hagar. Alguns dizem que ela perfurou suas orelhas, outros afirmam que ela a excisou. Aqui há uma divergência entre os diversos cronistas. Da mesma forma, alguns dizem que, a partir daquele momento, a excisão se tornou uma prática corrente entre os muçulmanos. Somos tentados então a perguntar por que nem todas as mulheres muçulmanas são excisadas.

No tempo do profeta Maomé, a excisão era uma prática comum. Ele não a proibiu, mas também não a aconselhou. Daí a ambiguidade de sua fórmula, único vestígio da excisão encontrado nos *Hadith* e lembrado por Benoîte Groult em seu livro *Ainsi soit-elle*: "Não intervenha radicalmente, é preferível para a mulher".

Quanto à infibulação, sua função não escapa a ninguém e não tem nada a ver com nenhuma religião: ela é a expressão mais eloquente do controle da sexualidade feminina pelo sistema falocrático.

Ao contrário da excisão, a circuncisão é, na religião islâmica, assim como na religião judaica, o signo da aliança entre Deus, Abraão e seus descendentes. É dessa forma que na Bíblia de Jerusalém pode-se ler:

Deus disse a Abraão: Quanto a ti, observarás a minha aliança, tu e tua raça depois de ti, de geração em geração. E eis a minha aliança, que será observada entre mim e vós, isto é, tua raça depois de ti: todos os vossos machos serão circuncidados. Fareis circuncidar a carne de vosso prepúcio, e este será o sinal da aliança entre mim e vós. (Gênesis 17,9-11)

Alguns depoimentos

P. K.

Eu tinha acabado de completar doze anos quando fui excisada. Tenho ainda intacta a memória da operação e da cerimônia em que ela foi realizada.

Na minha aldeia, a excisão era praticada em apenas dois dias da semana: segunda e quinta-feira. Um simples costume? Enfim, o fato é que eu estava em período de férias. Eu deveria ser excisada na mesma época que as meninas da minha idade. Na véspera do dia da minha excisão, houve festividades durante a noite. Reuniram os jovens e os velhos da aldeia. As pessoas se empanturraram de comida e os tambores tocaram a todo vapor até tarde da noite. No dia seguinte, bem cedo, minha mãe, que por natureza era muito emotiva, se absteve, e duas de minhas tias — as que eu preferia — me levaram à cabana onde estava a excisora, na companhia de outras mulheres mais jovens. Ela era velha e pertencia à casta dos ferreiros. Aqui no Mali, são as mulheres dessa casta que realizam a ablação do clitóris e a infibulação.

A clitoridectomia e a infibulação III

Na soleira da cabana, após a troca de salamaleques, minhas tias me deixaram nas mãos da excisora. Naquele momento, tive a impressão de que a terra estava se desfazendo sob meus pés. Angústia? Medo do desconhecido? Eu mal sabia o que era uma excisão de fato, porém em mais de uma ocasião tive a oportunidade de ver meninas que tinham acabado de ser excisadas. Basta dizer que não era uma coisa bonita de ver. Vistas de costas, elas pareciam senhoras idosas meio encurvadas caminhando com uma régua entre os tornozelos, tomando cuidado para não a deixar cair. As mais velhas costumavam me dizer que a excisão não era um procedimento difícil. Não é doloroso, me disseram várias vezes. Ao pensar na expressão nos rostos das mulheres excisadas que eu tinha visto antes, fiquei um tanto apreensiva. As minhas mais velhas queriam simplesmente me tranquilizar e dissipar minhas angústias?

Uma vez dentro da cabana, me fizeram elogios aos quais eu permanecia surda, devorada pelo medo. Eu estava tensa. Minha garganta estava seca. Suava, embora não estivesse quente: era de manhã cedo. "Deite-se ali", disse a excisora abruptamente, me indicando uma esteira no chão. Assim que me deitei, senti mãos grandes se enroscarem em minhas pernas magras e finas para afastá-las bem uma da outra. Eu levantava minha cabeça. De cada lado, duas mulheres me prendiam no chão. Meus braços também estavam imobilizados. De repente, senti um corpo estranho se espalhar pelos meus órgãos genitais. Só mais tarde descobri que era areia. Isso, aparentemente, facilitava a excisão. Tive uma sensação muito ruim. Uma mão segurou parte dos meus órgãos genitais: senti uma pontada no coração. Eu desejava, naquele momento, estar a mil léguas de distância, quando uma dor lancinante me trouxe dos meus pensamentos de fuga de volta para a realidade. Eu estava sendo excisada: primeiro, sofri a ablação dos pequenos lábios, depois do meu clitóris; isso durou o que parecia ser um tempo infinito, porque tinha de ser feito "perfeitamente". Senti uma dilaceração psicossomática contínua. A regra era que, na minha idade, não se chorava nessas circunstâncias. Eu violei essa regra. Gritos e lágrimas de dor foram minha primeira reação. Eu me sentia molhada. Estava sangrando. O sangue jorrava livremente. Em seguida, aplicaram uma mistura à base de ervas curativas e manteiga, que estancou o sangramento. Eu nunca havia sofrido tanto!

Depois, as mulheres me soltaram, libertando assim meu corpo mutilado. No estado em que eu me encontrava, não tinha vontade de me levantar. Mas a voz da excisora me obrigou a isso: "Acabou! Você pode se levantar. Viu, não foi tão doloroso assim!". Ajudada por duas mulheres que estavam na cabana, fiquei novamente de pé. Foi então que me obrigaram não só a caminhar de volta para onde estavam minhas companheiras excisadas, mas também a dançar quando estivesse com elas. Exigia-se demais de nós, recém-excisadas. Isso era demais. Mesmo assim, minhas amigas estavam dançando, da melhor forma que podiam. Sob as ordens das mulheres encarregadas de nos enquadrar, comecei alguns passos de dança no círculo formado pelas pessoas jovens e idosas presentes para a ocasião. Não posso dizer o que eu senti naquele exato momento. Minha virilha queimava. Em lágrimas, pulava para cima e para baixo em vez de dançar. Eu era uma criancinha. Franzina. Eu me sentia testada e esgotada. Durante essa dança monstruosa que se prolongava sob as injunções das nossas "enquadradoras-supervisoras", tive, de repente, a impressão de que tudo girava e balançava em torno de mim. Foi um turbilhão. Em seguida, não me dei conta de mais nada. Desmaiei. Assim que recuperei a consciência, me vi deitada em uma cabana onde várias pessoas me cercavam.

Depois disso, os momentos mais terríveis foram quando eu precisava evacuar. Demorou um mês para que eu me curasse completamente, pois às vezes eu me coçava por causa da ferida genital. Após minha recuperação, fui ridicularizada porque, diziam, eu não tinha sido "corajosa".

★ ★ ★

Mulher maliana

(35 anos. Estudos superiores. Trabalha na direção de um serviço. Excisada e infibulada.)

NÓS: O que você acha da excisão?

ELA: Para falar francamente, devo dizer que a excisão e a infibulação são práticas fortemente enraizadas em nossa sociedade. Mesmo que hoje as mulheres jovens e as meninas estejam se manifestando contra elas, é necessário reconhecer que há uma forte resistência por parte dos mais velhos. O que aconteceu em minha família é uma prova disso.

Depois de tomar conhecimento de todos os males que a excisão e a infibulação podem gerar — física e psicologicamente —, decidi, em comum acordo com meu marido, não fazer nenhuma delas em nossas filhas. Temos três. Elas nasceram na França, enquanto meu marido e eu terminávamos nossos estudos. Quando voltamos para o Mali, minha mãe foi a primeira a perguntar se eu havia excisado e infibulado minhas filhas. Respondi que não e que não tinha intenção de fazer isso.

Foi durante as férias de verão. Depois de encontrar um trabalho, muitas vezes eu deixava minhas crianças na casa dos meus pais e as buscava nos fins de semana. Um dia, quando estava voltando do trabalho para casa, passei para visitá-los e ver as meninas. Fiquei assustada por não encontrá-las. Normalmente elas vinham correndo. Então perguntei à minha mãe onde estavam. "Naquele quarto", respondeu ela, apontando para o cômodo onde elas costumavam dormir. Estão dormindo ou não sabem que estou aqui?, eu me perguntava.

Entrei no quarto. Elas estavam deitadas no chão, em esteiras cobertas com *pagnes*. Ao ver seus rostos inchados e os olhos cheios de lágrimas, me engasguei, um grito me escapou. "Qual é o problema? O que aconteceu com vocês, minhas crianças?" Mas antes que pudessem responder, a voz de minha mãe chegou até mim. "Acima de tudo, não perturbe MINHAS netas. Elas foram excisadas e infibuladas esta manhã."

Não posso dizer o que senti naquele exato momento. O que devo dizer ou fazer contra minha mãe? Eu sentia a revolta crescendo dentro de mim, mas estava totalmente sem forças. Minha primeira reação foi chorar. "Você deveria estar feliz em ver que tudo correu bem para suas filhas", disse uma das mulheres presentes. "É a emoção!", falou a segunda.

Em vez de desrespeitá-las (o que é muito malvisto em meu meio), dizendo o que eu pensava delas e de sua maneira de

A *clitoridectomia e a infibulação* 115

fazer as coisas, eu rapidamente saí dali. Como muitas mulheres africanas, minha mãe tinha acabado de provar que não apenas tinha direito sobre mim, mas também sobre minhas crianças — *suas* netas. Dado o estado em que as meninas estavam, eu não podia levá-las para casa. Elas permaneceram lá até estarem curadas.

NÓS: Você acredita que é possível acabar com essas práticas?

ELA: Eu não poderia lhe dar uma resposta absoluta, mas isso não parece impossível. A que custo? Não tenho certeza. Mas nada poderá ser feito para abolir essas práticas se as mulheres, afetadas diretamente, não se unirem para impor seu ponto de vista.

★ ★ ★

Mata

(*Maliana, 29 anos, casada. Licenciada em letras. Excisada e infibulada.*)

Eu não guardo nenhuma lembrança da excisão nem da infibulação a que fui submetida quando era muito jovem. Foi só aos vinte anos, às vésperas do meu casamento, que me dei conta da minha condição. Por toda a vida cresci num ambiente fechado, em que o sexo e a sexualidade são tabus.

Assim que tomei consciência do meu estado de excisão e infibulação, fui tomada por um sentimento de revolta. O que fazer?, eu me perguntava. No que me dizia respeito, não havia dúvida de que eu seria "aberta" com uma faca no dia do meu casamento, como é costume para todas as mulheres que foram excisadas e infibuladas. Tive então a ideia de fazer a cirurgia num hospital. Inicialmente, consultei os médicos e depois as parteiras, mas todas as vezes fui recebida com uma recusa. Em algum momento concluí que era um consenso social. Todos eram a favor da minha não operação. Aquelas e aqueles a quem recorri para fazer a cirurgia no hospital me olhavam como se eu fosse uma besta selvagem curiosa. Um médico não hesitou em me dizer: "Você quer se entregar à devassidão e, para isso, precisa da minha cumplicidade?". Por pouco não fui expulsa do consultório.

Eu arrastava a minha cólera e a minha revolta dia após dia. Eu via quão forte a pressão social poderia ser. O dia do meu casamento estava se aproximando. As chances de escapar da operação com uma faca estavam diminuindo. Por fim, na noite das minhas núpcias, tive que fazer do limão uma limonada, concordando em me submeter.

★ ★ ★

Sra. X
(*44 anos. Senegalesa, grupo étnico Tuculor*)
Aïssata
(*12 anos. Senegalesa, etnia Mandinga*)

Aïssata foi confiada a mim aos três anos de idade. Aos seis, contrariando a vontade de seus pais, que moram em uma aldeia, nós a mandamos para a escola. Ela ficou lá até completar

A clitoridectomia e a infibulação 117

doze anos. Antes de fazer os exames de fim de ano, incluindo o certificado de conclusão do ensino fundamental, enfrentou um problema que todos nós — meu marido e meus filhos — compartilhamos com ela. Seu pai tinha vindo buscá-la com a intenção de fazer sua excisão e infibulação. É evidente que ele sabia que nem minhas filhas nem a dele haviam sido excisadas e que eu não tinha planos de fazer isso. Quando soube do objetivo da visita do pai, ela fugiu. Desapareceu de casa por três dias. No quarto dia, eu a vi rondando minha casa. Então eu a trouxe de volta.

Durante sua ausência, seu pai nos fez passar por um espetáculo muito desagradável. Todos os dias, ele ficava na frente da porta de nossa casa e gritava o mais alto que sua voz permitia. Parecia que estava tentando — de propósito — provocar um escândalo. Enquanto gritava, ele nos repreendia por termos ensinado sua filha a ler. "Eu perdi minha filha", ele não se cansava de repetir. Para nossa consternação, pessoas de toda a vizinhança vieram ver.

Aïssata então estava de volta em casa. Seu pai, não querendo perder tempo, pegou-a à força e a levou para sua aldeia imediatamente. Não havia trens naquele dia, então ele foi de ônibus. Tivemos que deixá-lo fazer isso. Que direitos tínhamos para nos opor à partida de Aïssata? Nenhum.

Poucos dias depois, ficamos sabendo da excisão e da infibulação de Aïssata. Foi um grande desespero.

★ ★ ★

Mulher jovem

(*Maliana. 26 anos, divorciada. Mãe de uma criança. Licenciada em ciências econômicas.*)

NÓS: Como você se sente a respeito do problema da excisão? Em sua opinião, isso é uma mutilação ou não?

ELA: Na minha infância, fui excisada. Falo a partir da minha experiência pessoal. Hoje me considero satisfeita com essa operação a que fui submetida, a excisão. De fato, se defendo esse argumento, é porque a excisão cumpriu sua função com relação a mim. Já se passaram quatro anos desde que me divorciei e nem uma vez senti o desejo de correr atrás de um homem, ou simplesmente jamais senti a ausência de relações sexuais como uma falta, uma falta vital. Isso revela, até certo ponto, a função da excisão: ela permite que a mulher esteja no controle do seu corpo. É por isso que não a vejo de forma alguma como uma mutilação.

NÓS: Surpreende, porém, que, apesar de todas as informações que você tem sobre essa prática, como uma mulher que se submeteu à excisão você ainda possa considerá-la uma fonte de satisfação. Pode-se muito bem não ser excisada e ter controle sobre o próprio corpo. Nesse sentido, a excisão não é uma necessidade.

ELA: Evidente que não!

NÓS: Sim, é isso mesmo! Se entendi bem, você acha que a clitoridectomia deve ser perpetuada porque "presta serviços" às mulheres. Você já se perguntou o que essa operação representa? Qual é a função desempenhada pelo clitóris? Parece-me que todo órgão humano tem uma função determinada a cumprir. Remover um deles equivale a uma mutilação, e isso é ainda mais verdade quando se trata do clitóris. Então, onde há clitoridectomia, há mutilação.

ELA: Sim, nesse sentido, há mutilação. Mas não posso conceber a excisão praticada por nossas mais velhas, desinformadas sobre essa questão, como uma mutilação; de fato, não há intenção da parte delas de mutilar. Isso me leva a não me considerar uma pessoa mutilada. Entretanto, se eu fosse realizar essa operação em minha filha, não poderia considerá-la outra coisa senão uma mutilação, uma vez que, mesmo que eu não saiba por experiência própria o papel do clitóris, aprendi através de informações médicas e dos livros todos os males que se originam da excisão.

NÓS: Você acha que nossas mais velhas não sabem por que fazem a clitoridectomia em suas filhas? Ficaríamos tentadas a acreditar que elas a praticam conscientemente. Você não disse que se sentia, ou melhor, que se considerava satisfeita com a operação porque lhe permitia se controlar e não sentia nenhum desejo sexual? Isso também não revela a função dessa prática? Hoje em dia, existem mulheres bem informadas de todos os males que o procedimento pode gerar, mas continuam a empregá-lo em suas filhas ou netas.

ELA: Tenho dificuldade para explicar, mas ainda não concebo a clitoridectomia como uma mutilação.

(*Silêncio.*)

NÓS: Você tem sensibilidade no local onde a excisão foi realizada?

ELA: Sim.

NÓS: Como essas sensações se apresentam? São dolorosas ou agradáveis?

ELA: Bastante agradáveis.

NÓS: E quanto à infibulação? O que você pensa sobre isso?

ELA: Eu não fui infibulada. Mas acho que é uma prática que não tem outro propósito senão impedir que a jovem tenha "relações" antes de se casar. Dadas suas consequências nocivas ao organismo da mulher, eu considero essa prática condenável, independentemente da atrocidade da operação.

O que sobressai desta entrevista é uma vontade manifesta de absolver nossas mais velhas, sob o pretexto de que elas não contam com nenhuma informação científica sobre a clitoridectomia. Pensar dessa forma já é subestimar essas mulheres. De acordo com as entrevistadas, o motivo mais evocado foi a influência sobre a vida sexual das jovens. Frequentemente aparecia nas falas das nossas interlocutoras, de uma forma ou de outra, a seguinte ideia: fazer da mulher apenas uma reprodutora. O prazer da mulher pode constituir um perigo para o homem, ou, pelo menos, há motivos para acreditar nisso. Mas o

A clitoridectomia e a infibulação 121

paradoxo é que o homem polígamo tem uma preferência pela mulher não excisada. Então quem se beneficia da clitoridectomia? Nem as mulheres nem os homens. No entanto, isso permite que ele tenha sob seu controle tantas mulheres dóceis e submissas quanto desejar.

Não é a questão aqui tratar do gozo, mas podemos nos perguntar qual é a utilidade de reduzir a vida sexual da mulher à sua função reprodutiva quando, naturalmente, ela não consiste apenas nisso. Por que sacar os órgãos genitais das mulheres quando elas não pedem conscientemente por isso? Não é uma forma de alienação? Essas práticas, portanto, não deveriam ser banidas de qualquer sociedade da mesma forma que qualquer mutilação sobre o corpo ou a mente de todo e qualquer ser humano?

A excisão e a infibulação são práticas de mutilação sexual?

Essa pergunta pode, a priori, parecer insensata ou sem sentido aos olhos de alguns. Tendo em conta as divergências de opinião, somos obrigadas a colocar a questão.

A excisão e a infibulação são práticas sobre as quais há muito tempo não se fala. Além de alguns escritos de colonizadores que as apresentam como práticas mutilatórias, nada foi feito ou escrito sobre o assunto até um período recente. Ainda hoje o interesse por essas práticas é muito tímido. Poucas pessoas se empenham em falar sobre isso, sob o pretexto de que se trata de costumes e ritos tradicionais.

Mas como elas são percebidas pelas pessoas que as praticam? Vamos analisar sucessivamente alguns casos: no Mali, na Somália, entre os afares e os issas...

No Mali

Aqui, uma distinção deve ser feita entre dois grupos étnicos que praticam a excisão: os dogons e os bambaras.

Os dogons: Entre esses, a excisão é obrigatória e necessária. Em sua cosmogonia, diz-se que a menina tem dentro de si o "masculino" e o "feminino", ocorrendo o inverso com o menino. É preciso, portanto, extirpar deles tudo o que é contrário à sua verdadeira natureza — o que leva as meninas a serem submetidas à clitoridectomia e os meninos à circuncisão.

No grupo étnico dogon, tanto a excisão quanto a circuncisão substituem as práticas purificatórias. Também é para os jovens dogons a marca de uma possibilidade de acesso a um grupo de faixa etária mais elevada. A circuncisão e a excisão são defendidas como modos de emancipação de indivíduos adolescentes. Torna-se uma questão de acessar o grupo em que você é levado a sério e considerado responsável. "O menino não pode fazer nada importante até que seja circuncidado." Em outras palavras, ele deixa de ser criança a partir do momento em que é circuncidado. Da mesma forma, a menina só pode ser considerada uma "mulher" em sua completude após ter sido submetida à excisão.

Por ser considerada uma purificação do elemento feminino, a excisão conota aos adultos a ideia de perfectibilidade. A circuncisão e a excisão não são de forma alguma percebidas por esse grupo étnico como práticas mutilatórias sexuais, embora física e clinicamente possam ser assim consideradas pelas pessoas que foram submetidas a elas, bem como por povos estrangeiros. A menina que é excisada, mesmo que deseje

A clitoridectomia e a infibulação

fazer isso porque todas as outras de sua idade são excisadas e porque foi persuadida a fazê-lo, ainda assim experimenta dores aterrorizantes. Da mesma forma, ela sente que seu corpo está sendo prejudicado. Entende que está ferida, subtraída de alguma coisa. Seja o que for que se queira afirmar, ela vive uma mutilação, mesmo que lhe tenham repetido durante muito tempo e repetidamente que seu clitóris é um elemento masculino que não tem lugar em seu corpo, e que é necessário fazer sua ablação. Se a excisão não tivesse acarretado consequências nefastas na vida sexual das mulheres dogons, talvez pudéssemos fechar os olhos quanto à questão. Mas ela é causa de frigidez e de morte, mesmo que esta última não seja frequente.

Apesar das razões evocadas pelos dogons para explicar a excisão, esta permanece, em nossos dias, uma prática mutilatória sexual.

Os bambaras: Nesse grupo étnico, a excisão e a infibulação são tradições seculares. No decorrer da nossa pesquisa, os líderes religiosos islâmicos e a maioria dos muçulmanos devotos contatados limitaram-se a declarar: "Nós praticamos a excisão porque somos adeptos da religião muçulmana". Se nos apressarmos em responder que não há vestígios dessa prática no Alcorão, aqueles entre eles que são eruditos dizem mais ou menos o mesmo: "Quando Maomé diz a Um Atiya, uma excisora, que 'não opere de forma radical [...] é preferível para a mulher' (encontramos a mesma fórmula em *La Femme au temps des Mamelouks en Égypte*), ele não diz 'Não opere mais', tampouco 'Não pratique mais a excisão'. De acordo com essas poucas respostas, parece que Maomé, de alguma forma, endossou a circuncisão feminina ao não proibi-la. Esses são os zelosos defensores da excisão. Do mesmo modo, alguns sustentam, corretamente, que Maomé não endossou de forma alguma essa prática, uma vez que ele não a impôs. Esses são os únicos que demonstram hostilidade a isso. A alusão de Maomé à excisão é ambígua: é por esse motivo que nas sociedades muçulmanas alguns praticam a excisão e outros não. Quanto à infibulação, nenhuma explicação em relação a uma religião ou a um mito foi dada para justificá-la. Ela teria como principal função impedir que as meninas 'tomem algumas liberdades' antes do casamento. Não se trata de querer tirar proveito da conservação da virgindade de uma jovem até que ela se case, ao contrário do que Annie Villeneuve afirma sobre as mulheres na Somália: 'Um meio de integridade virginal', dizem alguns. Garantia absoluta de que a menina não foi tocada, uma garantia de que seu pai e sua mãe assumiriam o seu valor de mercado. Pessoalmente, sou muito mais favorável a essa afirmação do que à primeira...".[5]

Entre os bambaras, a infibulação pode ser explicada não por uma visão especulativa por parte dos pais sobre o casamento da filha, mas sim por uma questão de "honra" que revela seu apego aos costumes ancestrais. Não é incomum ver, na África negra islamizada, mulheres que, no dia seguinte ao casamento da filha, recorrem a algum artifício para fazer crer que a noiva ainda era virgem quando já não era mais (ver o depoimento de Médina). É a "honra" da família que é questionada se uma jovem se casa pela primeira vez não sendo virgem. Atualmente, temos testemunhado um relaxamento dos costumes no Mali, mas as práticas de excisão e infibulação persistem, exceto talvez em certos círculos intelectuais.

A *clitoridectomia e a infibulação*

As mulheres do Mali são quase todas excisadas. Apenas as mulheres do grupo étnico Songai são poupadas dessa prática, assim como da infibulação, que na verdade é menos difundida no Mali do que a excisão.

Além da perda da virgindade, que coloca em questão "a honra da família", qualquer risco de conceber uma criança fora do casamento é a priori descartado pela infibulação (a chegada de uma criança fora do casamento é um escândalo e uma vergonha para pessoas de boa família). Somos tentadas a questionar se nossas irmãs do Mali pensaram no que aconteceria com suas filhas excisadas e infibuladas se fossem raptadas e estupradas. Essas irmãs seriam forçadas a reconhecer que a infibulação é apenas um meio precário de salvaguardar a virgindade da jovem até o casamento (é importante observar que o estupro não é tão comum nos países da África negra quanto na Europa, ou melhor, ele existe de uma forma diferente; um bom número de mulheres negro-africanas casadas sofre violação legalizada por parte do marido). Aprendemos assim que, antigamente, quando os malianos eram obrigados, em tempos de seca, a emigrar para outras paragens em busca de algum recurso ou moeda estrangeira que levavam para casa com o objetivo de manter suas famílias e lares, eles "fechavam" parte da esposa. Em outras palavras, essas mulheres recebiam uma nova infibulação e eram abertas apenas com o regresso dos maridos. Fazia-se isso para "protegê-las" contra qualquer tentação de infidelidade ou contra "qualquer" agressão masculina durante a ausência do marido (aqui a função da infibulação aparece claramente). Ao voltar de uma viagem que poderia durar entre um e cinco anos — às vezes mais —, o marido autorizava novamente abrir sua mulher, com uma faca, pela excisora do lugar; porque aqui, ao contrário do que acontece na Somália, não é o marido que opera a mulher para ter relações sexuais com ela. Essa prática de mandar "fechar" a esposa pela segunda ou enésima vez no momento de partir em viagem por um longo período é antiga. Hoje, ela tende a desaparecer. Ou ao menos tudo nos leva a acreditar que isso ocorrerá. No decorrer da nossa pesquisa, somente pessoas muito idosas nos informaram sobre isso, pessoas que não haviam submetido ninguém a isso e nem sido submetidas a isso, mas apenas tomado conhecimento. Essa prática é ainda comum em certas regiões ou em certas aldeias remotas? A questão permanece sem resposta e, para ser esclarecida, seriam necessárias múltiplas investigações.

A excisão e a infibulação, portanto, praticadas com a ajuda de resina ou espinhos de acácia, são integradas aos costumes e tradições dos bambaras. Elas não foram objeto de nenhum questionamento, exceto recentemente pela Organização Nacional de Mulheres Malianas. É importante notar que, no Mali, as mulheres bambaras e não bambaras, intelectuais ou não, são atualmente a favor de uma abolição pura e simples da excisão e da infibulação, que consideram práticas mutilatórias. Elas são minoria no momento. Mas conseguirão, certamente com muita determinação, fazer suas vozes serem ouvidas um dia.

Na Somália

Nessa parte da África, quase todas as mulheres são excisadas. E isso antes mesmo da puberdade. No entanto, o que é no-

A *clitoridectomia e a infibulação* 127

tável aqui é que a excisão não é feita sem a infibulação. Por esse motivo as mulheres somalis herdaram o nome de "mulheres costuradas". A priori, isso poderia significar que elas são costuradas com agulha e linha, mas na verdade, como vimos, a operação consiste em fechar parcialmente a entrada da vagina por meio de algumas "suturas" nos grandes lábios, com espinhos de acácia, após o cuidado prévio de aparar os grandes lábios, já que os pequenos desaparecem com a excisão. É possível também fazer uso de alguma resina.

Entre os somalis, assim como entre outros povos que praticam a excisão e a infibulação, é difícil determinar a origem dessas práticas. Fora a hipótese religiosa, nenhuma outra explicaria a excisão, de acordo com os líderes religiosos dessa região (muçulmana) da África. Quanto à infibulação, ninguém esconde a razão ou o propósito: impedir que as jovens tenham relações sexuais antes do casamento, em nome da moralidade em vigor na Somália, como na maioria dos Estados muçulmanos. Outros motivos também são apresentados. Podemos encontrá-los no artigo de Annie de Villeneuve, trabalho que cheira a colonialismo e racismo.[6]

Devemos notar que nesse país as práticas excisionais e infibulatórias não são de forma alguma consideradas mutiladoras. Pelo contrário, ainda hoje são vigorosamente reivindicadas pelas mulheres somalis, mesmo pelas mais jovens, sobretudo devido a um certo relaxamento dos costumes, argumentam. Conversando com uma somali jovem, de 33 anos, formada em direito, que vive na França, casada e com duas meninas que frequentam a escola, foi desconcertante saber que ela estava determinada a fazer a excisão e a infibulação das filhas assim que voltasse para a Somália. Ficamos consternados quando, apesar de todos os argumentos, ela não teve nada a nos opor a não ser o manifesto relaxamento dos costumes em todas as sociedades. Essa é uma prova palpável de que o sistema escolar burguês francês não leva, a fortiori, a uma conscientização direta das realidades enfrentadas pelos seres humanos, podendo favorecer a perpetuação de alienações seculares. Não esqueçamos que a escola francesa é uma escola da sociedade patriarcal, transmitindo, gostemos ou não, a ideologia do patriarcado.

As mulheres devem e podem tomar uma posição frente à condição que lhes é imposta. A resignação diante de seus problemas pode parecer conveniente, mas, na realidade, dificilmente compensa. Deixar de questionar a sociedade patriarcal, simplesmente descarregar o fardo sobre os homens, permite a elas desempenhar o papel que sempre lhes foi atribuído: o de esposa recatada e do lar.

A condição das mulheres, sejam elas quem forem, merece uma *reconsideração* no século xx. Que não nos contentemos apenas em sorrir para essa ideia.

Algumas das nossas irmãs conservadoras negro-africanas podem ter chegado a um ponto de conflito. Certamente não é com elas que se pode contar para mudar o status das mulheres negras. Essa mudança só acontecerá com as gerações futuras. Enquanto isso, as mulheres de hoje têm suas palavras e seus males a dizer.

Após o estudo retrospectivo sobre a excisão, podemos proceder à análise dessas diferentes práticas. Isso porque o significado que a excisão tem entre os fulas de Fouta pode

A clitoridectomia e a infibulação 129

ser diferente do que tem entre os dogons ou os bambaras do Mali, ou os quicuios do Quênia etc.

Resulta que, para os maometanos, ela tanto pode ser praticada quanto não. Não tem caráter obrigatório; é uma suna. Seguindo Maomé, seus companheiros, "os companheiros de seus companheiros", os *tabih'un*, tentaram reproduzir todos os seus atos e gestos, como modelos. Maomé era considerado por eles como o modelo perfeito. Foi assim que passaram a realizar tudo o que ele recomendava aos seus discípulos. Aqui seria interessante consultar as definições de suna dadas por Abdelwahab Boudhiba:

> O modelo histórico incorporado pelo profeta e descrito pela suna é um modelo "antigo". Com isso queremos dizer que quanto mais a história avança, mais os muçulmanos se distanciam dela, e mais a imagem coletiva que eles têm dela se degrada [...]. Longe de ser portadora de progresso, a história é um retrocesso, um distanciamento progressivo do modelo original, que inevitavelmente estará cada vez mais envolto em uma aura, crescido, mitificado. História, profecia, lenda e mito acabam por se confundir.[7]

Nós nos perdemos. Também hoje assistimos à repetição de atos e práticas antigos, como a circuncisão, a excisão e a poligamia.

Benoîte Groult, em seu livro, faz alusão a um mito bambara e a um mito nandi relacionados à excisão. Eis o que ela diz no capítulo "O ódio do cli...":

Os bambaras fazem a excisão do clitóris sob o pretexto de que sua ferroada [sic] pode ferir um homem e até causar sua morte. Os nandi, por sua vez, observaram que as meninas que conservaram esse órgão maligno definhavam e morriam na puberdade.[8]

Hoje esses mitos permanecem, porém o mais difundido entre os bambaras é o seguinte: uma menina não excisada é como um menino. Em outras palavras, a imagem que surge é a de um clitóris proeminente que não permitiria o coito. Assim, eles dizem a si mesmos, achamos difícil imaginar que dois meninos possam ter relações sexuais. A homossexualidade não intervém nesse nível, porque estão presentes um menino e uma menina. A partir daí, exigem que as meninas sejam excisadas. Mas será que aqui não estamos tocando em um problema muito espinhoso, a saber, como foi possível passar da excisão em Hagar para essa concepção de excisão? É como se os homens tivessem implementado uma política falocrática para impor uma prática de mutilação sexual às mulheres. Isso permite darmos razão a Abdelwahab Boudhiba sobre sua definição do modelo?

É difícil saber se a excisão é baseada em um ou mais mitos ou se ela perpetua um ato histórico. Os líderes religiosos muçulmanos afirmam que essa prática é uma repetição da excisão de Hagar, assim como, durante a peregrinação a Meca, os fiéis repetem certos gestos de Maomé e, na religião católica, os fiéis reproduzem os gestos de Jesus. A imposição de tal prática teria acontecido por conta própria ou o elemento masculino desempenhou um papel importante? Deixando de lado todas as considerações religiosas, somos a princípio

A clitoridectomia e a infibulação

tentadas a ver a excisão como uma prática instituída pelos homens, a fim de suprimir nas mulheres qualquer possibilidade de prazer clitoriano e qualquer desejo sexual. Um pretexto frequentemente evocado nos países onde as mulheres são excisadas é que elas seriam muito sensuais. O objetivo da excisão seria, portanto, atenuar, se não eliminar, esse desejo "excessivo" de amor. Mas o que isso é realmente?

A mulher excisada é reduzida praticamente ao estado de vagina e fêmea reprodutora. Como em algumas sociedades em que se pede aos homens que sejam seus próprios "policiais", na África negra, por meio da excisão, há todos os motivos para acreditar que os homens levaram as mulheres a se tornarem suas próprias carrascas, suas próprias "açougueiras". Elas teriam acabado por racionalizar as práticas excisionais e infibulatórias, assimilando-as a usos obrigatórios, integrantes e integrados ao seu corpo tradicional ou ritual. Isso explicaria em parte o fato de que as mulheres se encarregam da mutilação de si próprias. Como as mulheres excisadas passaram a desprezar as não excisadas? A alusão ao coito "impossível" entre um menino e uma menina não excisada — para justificar a prática da excisão, que, de qualquer forma, não tem nada a ver com o ato supostamente original (vide Sara e Hagar), que por fim se tornou um ato religioso — indica que os homens bambaras pressionavam as mulheres, ainda que apenas verbalmente, para que radicalizassem e perpetuassem essa prática. A propósito, os homens ganhariam muito com isso: "Os desejos de suas esposas estariam assim atenuados, o que seria, imaginam eles, uma fonte de garantia de fidelidade".

A infibulação, um acréscimo à excisão, nos leva a deduzir que os homens querem pura e simplesmente garantir — nos

132   *Dos males das mulheres negro-africanas*

países onde essas práticas são realizadas — a posse total dos corpos de suas mulheres. Nunca foi dito no Alcorão que se deveria proceder à infibulação. O mesmo é verdade para a excisão, embora Maomé tenha proferido algumas palavras sobre isso nos Hadith, sem ordenar sua prática. Mas não foi o caso da infibulação. É necessário, portanto, saber de onde vem esse costume mutilatório.

Não seria errado dizer que os homens, por quererem fazer da mulher um verdadeiro império seu, procuraram privá-la sistematicamente de tudo aquilo que o sexo dela lhe proporcionasse de um prazer ao qual eles não estariam associados. Referindo-se à sociedade europeia, Benoîte Groult analisou-a bem. Não é nessa perspectiva que podemos buscar o significado das vaginas dentadas em certos mitos, contos e lendas? Vejamos esse conto da região do Cordofão:

Um homem tem uma esposa extremamente sensual, que dorme com todos os homens da cidade. Ele fica muito chateado com isso, mas sabe muito bem que, se ela fosse fiel a ele, o esgotaria. Pede então conselhos a um amigo, que lhe diz para se mudar de cidade com a esposa. Assim ele fez, e quando se estabeleceram, disse à esposa que os habitantes daquela cidade tinham uma vara dupla e, além disso, de aço; a mulher ficou assustadíssima. Por outro lado, espalha entre os homens da cidade que a recém-chegada tem uma tesoura com a qual corta as varas de quem dorme com ela. Apesar do perigo, um dos homens a corteja e, para se defender da tesoura, prende uma faca em seu cinto por baixo da roupa. Quando a mulher, apesar do medo, começa a acariciá-lo sob a roupa, ela toca a faca e acredita que é a vara dupla de aço: ela estremece, seus

A clitoridectomia e a infibulação

anéis se chocam contra a faca, e o homem pensa que são as tesouras. Ambos fogem apavorados.

O mito das vaginas dentadas é encontrado em muitas partes do mundo: no Congo, entre os bena-luluas; no Gran Chaco, entre os tobas; no Japão, entre os ainos... É surpreendente constatar a semelhança entre a ideia de clitóris entre os bambaras (ferrão) e entre os tobas (dente): "Os tobas do Gran Chaco consideram o clitóris como o dente remanescente" (e supõe-se aqui que todos os dentes da vagina dentada foram removidos, com exceção do clitóris).

A sensibilidade de cada mulher é posta à prova pela descrição dessas operações sangrentas.

Dói o cli... quando lemos essas coisas, não é? Nos sentimos mal em nossas características femininas. Nos sentimos mal por nós mesmas, nos sentimos mal pela nossa dignidade humana, nos sentimos mal por todas essas mulheres que se parecem conosco e que são negadas, magoadas, destruídas em sua verdade. Também nos sentimos mal por todos aqueles imbecis que acreditam que é indispensável ser superior em tudo e que por isso escolheram a solução mais fácil e mais degradante para os dois: rebaixar o outro.[9]

Mas também podemos escolher a revolta e o combate. É o nosso caso. Seria bonito ver mulheres excisadas e infibuladas que se rebelam contra essas práticas em seus países, o suficiente para semear a debandada entre nossas irmãs negro-africanas. Já é um grande passo informar o público e se emocionar com o destino das vítimas. Em nossa opinião, é uma conscientização aguda da condição feminina, seja ela qual for. Mas ainda seria necessário que isso resultasse em uma prática consistente. Um simples movimento de compaixão não resolverá nada.

No território dos afares e dos issas

Composta em quase 60% de muçulmanos, a população desse território pratica a clitoridectomia e a infibulação, que aqui, assim como na Somália, andam de mãos dadas. Elas são estritamente praticadas pela comunidade muçulmana dos afares e dos issas. As razões mencionadas são as mesmas que vemos na Somália. Depoimentos recolhidos tanto de homens quanto de mulheres revelaram que a maioria, se não a quase totalidade, das mulheres muçulmanas submetidas à excisão era frígida, sofreu complicações durante o parto e, para o resto da vida, teve que carregar essa "mutilação" como uma laceração que seria sentida a todo momento, fosse durante as relações sexuais ou no momento do parto. Aqui, a maior parte das mulheres mais jovens considera as práticas excisionais e infibulatórias mutiladoras. É possível constatar que as mulheres excisadas, de onde quer que sejam, apresentam mais ou menos os mesmos sintomas após a operação.

Estima-se que as mortes após essas intervenções representem cerca de 5% a 6% dos óbitos anuais entre a população feminina. A alta taxa de mortalidade se explica não apenas pelo fato de que, em algumas aldeias, nem todas as condições de higiene necessárias para garantir um bom parto são atendidas, mas também pela manutenção das práticas de clitoridec-

A clitoridectomia e a infibulação

tomia e infibulação. O número de vítimas é particularmente alto entre as mulheres em trabalho de parto. A principal causa dessas mortes é o fato de que as veias e as artérias, cicatrizadas após a excisão e a infibulação, muitas vezes se rompem durante o parto, abrindo caminho para hemorragias graves, que às vezes levam as mulheres a sucumbir. E que ninguém venha nos dizer, como fazem alguns, que essas práticas não levam a mortes!

O refinamento do método não muda em nada o "açougue".

Em Bamako, capital do Mali, a excisão é hoje realizada em parte no Hospital Gabriel Touré, com anestesia local dos órgãos genitais. "Vocês podem ver que está havendo progresso", alguns defensores da excisão no Mali querem nos fazer acreditar. E essa não é uma forma de garantir a perenidade da clitoridectomia? É necessário vigilância. Também é importante ressaltar que, apesar da recente decisão tomada pelo Estado do Mali de permitir que a excisão seja realizada em hospitais, muitas mulheres, as mais tradicionalistas e conservadoras, ainda recorrem à antiga excisora local para operar suas filhas. Até onde sabemos, a infibulação ainda não é realizada em hospitais — mas quando isso ocorrerá sob o pretexto de "progresso sanitário"? O fato é que as excisoras tradicionais mantêm uma espécie de monopólio sobre essas práticas.

É um fato positivo chamar a atenção do público para a existência de práticas que mutilam seres humanos, não importa em quem sejam realizadas. Entretanto, será que Annie de Villeneuve, em seu artigo sobre mulheres somalis excisadas e infibuladas, não poderia apenas informar, sem ter que julgar a sociedade somali e seus ritos de acordo com os modelos ocidentais? Ela nem sequer se preocupou em realmente conhecer essas mulheres excisadas e infibuladas, como testemunham algumas passagens.

Falando das mulheres somalis, ela disse: "Loucas, não, mas talvez conservadoras de um instinto de crueldade que suas cabeças, justamente sem razão, lentas em se civilizar, ainda não reprimiram".[10] Qual é o motivo disso? O que significa ser civilizado — ou, simplesmente, o que é a civilização? Em nome da "civilização" (a única reconhecida: a civilização ocidental), crimes foram perpetrados por colonizadores e continuam a ser perpetrados por neocolonizadores e pelo regime racista do apartheid.

A abordagem de Villeneuve não é nada surpreendente, na medida em que inscrita em uma perspectiva colonialista. Outras pessoas escreveram na mesma direção que ela, a respeito de vários assuntos relativos à África negra. A ela e a todos os outros, responderemos apenas com esta citação de Aimé Césaire: "Uma civilização que se mostra incapaz de resolver os problemas causados por seu próprio funcionamento é uma civilização decadente".

Além disso, retomando o artigo de Villeneuve, parece suspeito que sua implacabilidade contra a sociedade somali seja apenas expressão de sua desaprovação das práticas excisionais e infibulatórias. Julgue por si: "Nesta raça abominavelmente *venal*", grifo nosso, "um costume tão bárbaro pode muito bem ter surgido e ainda ser perpetuado graças ao gosto pelo dinheiro".[11]

O que torna essa raça tão venal? É mais venal que qualquer outra raça? Ela é mais venal do que uma raça rapace, a ponto de não hesitar em saquear outras raças por meio de assassinatos e deportações? É possível comparar os nativos somalis aos nativos da França capitalista? Seguramente não.

A clitoridectomia e a infibulação

Além disso, é preciso sublinhar que Annie de Villeneuve parte de hipóteses falsas, a fim de tirar conclusões afirmativas, deduções que considera verdadeiras. É preciso acreditar que ela não entendeu nada sobre a sociedade somali, ou então é intencionalmente que escreve: "Pura e simplesmente vendida, a jovem não tem dote. É apenas um capital humano trocado por gado ou por dinheiro vivo".

E quanto aos costumes franceses? E sobre o dote, em particular? Annie de Villeneuve, lendo Benoîte Groult, não teria argumentado que na França é o pai que compra um marido para sua filha quando ela não consegue encontrar um por conta própria. Isso é um absurdo!

Não se trata de maneira nenhuma de repassar a responsabilidade, muito menos de nos definir em relação ao mundo branco. Se uma questão surge e causa problemas, são necessárias investigações para resolvê-la. O que deve ser evitado acima de tudo é julgar práticas rituais — das quais nada entendemos — de acordo com critérios que de forma alguma correspondem às estruturas mentais dos indivíduos da sociedade que está sendo julgada.

As mulheres negro-africanas já sofreram o bastante com essas atitudes coloniais e neocoloniais para não dizer que estão fartas delas. Isso se aplica particularmente a etnólogos e antropólogos, colonialistas ou neocolonialistas.

A favor ou contra práticas de mutilação sexual?

Será necessário especular longamente sobre as consequências nefastas das práticas de mutilação sexual entre as mu-

138 *Dos males das mulheres negro-africanas*

lheres? Reproduzimos três casos mais do que eloquentes, apresentados no *Bulletin de la Société médicale d'Afrique noire de langue française.*

- Mulher de 23 anos, vista em julho de 1973 após um drama conjugal. Na verdade, casada há 48 horas, essa mulher, que não tem mais orifício vaginal, está prestes a ser rejeitada. Antecedente: excisão aos cinco anos de idade, quando não apresentava nenhuma malformação genital. Dismenorreia desde a puberdade. Exame: coalescência dos grandes lábios, com dois orifícios, um superior, pelo qual passa a urina, e um inferior, pelo qual o sangue menstrual é drenado com dificuldade. A vagina é aberta sob anestesia geral.
- Mulher de 24 anos, virgem, consultada por dores hipogástricas. No exame físico, coalescência dos pequenos lábios após excisão realizada aos catorze anos de idade.
- Mulher de cinquenta anos, recebida em 11 de janeiro de 1975 com retenção aguda completa de urina. Antecedentes: excisão do clitóris aos dez anos. Problemas urinários por vinte anos, com disúria e polaciúria. Retenção aguda de urina há cinco anos, seguida de sessões de dilatação.

Já se observou que, no Haiti, o Vodu costumava permitir pactos de sangue para combater o inimigo. É preciso relembrar aqui que o Haiti foi uma das primeiras ilhas a se tornar independente. E assim se mantém desde o século XIX. Se os ritos de iniciação sexual, como a clitoridectomia (no caso em que seja considerada como tal, o que nem sempre é), funcionassem da mesma forma — em uma situação colonial ou neocolonial —, surgiria a questão de saber se é necessário

A clitoridectomia e a infibulação

conservá-la como um fator de unidade. Alguns podem ter pensado que sua conservação era necessária.

Na África negra, os ritos de sangue, sob a forma de pactos, contribuíram para a constituição de uma fraternidade de sangue, ou melhor, uma irmandade de sangue. Da mesma forma, árabes e europeus (gregos, eslavos, alemães etc.) experimentaram pactos de sangue. Estes consistiam em misturar o sangue dos envolvidos e bebê-lo, consolidando a amizade e a solidariedade dos participantes, transformando-os em "irmãos". Nesses casos, os ritos não aparecem como práticas banais a ser cumpridas. Eles se tornam funcionais, indispensáveis para a luta. É como se concretizassem a determinação e a convicção que as almas podem sentir quando estão decididas a ajudar-se mutuamente na luta contra os estrangeiros inimigos, ou quando estão decididas a pagar com a vida por sua libertação, sua liberdade.

A solidariedade está aí. Militante. Combativa. Libertadora.

Alega-se que a clitoridectomia vincularia as mulheres submetidas à excisão. Esse argumento parece muito fraco. Devemos impor isso às mulheres? Elas não poderiam estar ligadas por outros fatores? A excisão pode muito bem ser abolida nas sociedades negro-africanas sem que haja uma dissolução da tribo ou da etnia. Não é necessariamente um fator de coesão, como afirmam alguns negros.

Os quenianos afirmam: "Conservamos essa prática de excisão porque ela permite um prazer sexual mais intenso, ou porque é uma condição necessária para receber uma educação religiosa completa". Isso nos incita a estudar o caso do Quênia.

No Quênia

"Em nome do prazer, em nome da preservação de nosso patrimônio cultural" são aqui, por assim dizer, os principais argumentos a favor da prática da clitoridectomia.

O Quênia, país de opção "progressista", é um caso típico em que a clitoridectomia é praticada em quase toda a população feminina. Lembremo-nos da revolta dos Mau-Mau:

> O líder Jomo Kenyatta, criado nos bancos da universidade inglesa, afirmou claramente em seu livro *Encarando o monte Quênia*: "Nenhum quicuio digno desse nome quer se casar com uma jovem que não tenha sido excisada, pois essa operação é a condição sine qua non para receber uma educação moral e religiosa completa".[12]

Entretanto, ainda nos surpreende essa referência de Benoîte Groult à universidade inglesa. Isso significaria dizer que a universidade "civiliza e torna o negro diferente, desviando-o das práticas 'bárbaras' e 'primitivas' específicas de seu povo ou de sua tribo"? Em outras palavras, que ela o aliena? Claro, ela o aliena! E essa alienação pode ser perpetuada por uma falta de conscientização da "existência negra". Da mesma forma, pode, se não for abolida por essa consciência, ao menos contribuir para uma abordagem ou um início de desalienação. Lembremo-nos de Aimé Césaire, de Frantz Fanon... Na verdade, o fato de os intelectuais se comprometerem a manter as práticas supostamente selvagens e bárbaras de seus ancestrais, incluindo entre outras a excisão, talvez prove que as pessoas negras estão preocupadas em redescobrir sua es-

A clitoridectomia e a infibulação

sência, sua especificidade. Maneira engraçada!, poderíamos retrucar. Mas essa forma de retorno às origens é apenas uma reação face ao colonialismo que tentava destruir tudo o que permitia que uma pessoa negra se identificasse como uma pessoa negra; uma reação de autodefesa, poderíamos dizer. Mas o que determina essa reação? Que se reaja, mas que não se mutilem as mulheres.

Agora, explicam-nos que entre os quicuios, tribo queniana que representa nove clãs, a clitoridectomia é praticada em condições que, se não suprimem, ao menos aliviam a dor consequente da operação. É assim que as futuras mulheres excisadas são obrigadas a tomar um banho de rio na manhã de sua clitoridectomia, muito cedo. Devem permanecer na água por cerca de meia hora — o que teria efeito anestésico, pois as partes sexuais perdem uma parcela da sensibilidade. Quanto à operação propriamente dita, ela é parcial, como vemos na descrição de Jacques Lantier [p. 143].

Mesmo supondo que não haja dor e que o prazer seja aumentado para a mulher, são essas razões que permitem justificar a perenidade da clitoridectomia? As mulheres quicuio que foram excisadas não teriam qualquer complicação durante a vida em consequência da operação? Elas gozam apesar de sua excisão, como afirmam? Têm partos mais fáceis, menos dolorosos do que as mulheres não excisadas?

Surpreende-nos ler sob a pena de Kabongo: "Os cantos e as danças que acompanham contêm o essencial das leis e dos costumes da comunidade. Mais do que isso, desempenham múltiplos papéis e constituem uma verdadeira preparação operatória que faz com que a clitoridectomia perca seu caráter assustador...".

É como se o autor dessa passagem não tivesse tomado consciência dos problemas que a clitoridectomia representa para as mulheres. Não é apenas uma questão de medo da operação, é muito mais do que isso, precisamente pelos efeitos nocivos que ela pode causar (consideremos os três exemplos citados no *Bulletin de la Société médicale d'Afrique noire de langue française*). Mais adiante, o autor continua: "Razões mais pessoais incitam a menina a ser excisada [...]. A menina vê a excisão acima de tudo enquanto uma forma de ser reconhecida por todos como membro em 'pleno exercício' da comunidade".

Em nome de quem fala esse autor? Certamente não das excisadas. A pertença a uma comunidade não pode se traduzir de outra forma que não uma mutilação, e pior ainda mutilação sexual? Isso não deveria ser função de uma mutilação, ou então ela teria, além disso, uma função simbólica.

Conclusão sobre a clitoridectomia e a infibulação

A questão da excisão e da infibulação é tão complexa que deve ser tratada com o máximo de tato possível. Essas práticas são desejadas pelas mulheres?

Sim, por parte daquelas em cujo meio a excisão é praticada sistematicamente. Isso procede de um fanatismo, como é o caso de alguns muçulmanos fanáticos, sejam eles da Arábia Saudita, do Iêmen, da Guiné, do Senegal ou de outros lugares.

Sim, por aquelas que desejam garantir a perenidade dos costumes em nome dos valores ancestrais. As mesmas que freiam o movimento de resistência latente entre algumas mulheres que pura e simplesmente condenam essas operações.

A clitoridectomia e a infibulação

Não, pela maioria das jovens (ou meninas), uma vez que as sentem como verdadeiras mutilações, verdadeiras torturas, independentemente do esforço de seus mais velhos e mais velhas para convencê-las do contrário. É difícil afirmar que, hoje, todas as mulheres que foram excisadas, ou excisadas e infibuladas, são contra essas práticas. A maioria entre elas realiza as mesmas operações em suas filhas, embora estejam cientes de todos os males que podem resultar (frigidez, complicações no parto etc.). Elas fazem isso apesar delas mesmas. Em outras palavras, o fazem para não se dissociarem das outras pessoas, porque em sua sociedade ou grupo étnico "isso tem que ser feito". Mas elas não estão de forma alguma convencidas de que essas práticas se justificam. O que fazer? Devemos exigir a abolição pura e simples da excisão e da infibulação? A priori, seria tentador responder que sim. Mas também aqui não se poderia chegar a conclusões sumárias ou categóricas. Em especial se nos remetermos à seguinte afirmação de Jacques Lantier, segundo a qual uma certa forma de excisão também é praticada em certos hospitais franceses para aumentar a capacidade de gozar em algumas mulheres burguesas:

Vimos que as jovens quicuio são excisadas. Elas não sentiriam nenhuma sensação no clitóris sem duas práticas singulares. [...] Quanto ao clitóris, as matronas quicuio não o excisam completamente; elas deixam um pedaço dele, que é virado e em seguida colado, por meio de cicatrização, na parte interna da vagina para permitir uma masturbação ritual, colocando a escova masculina em contato com o ponto sensível criado artificialmente. Tal prática aumentaria o prazer sexual das mulheres e, ao mesmo tempo, respeitaria as regras tribais. Uma intervenção cirúrgica bem semelhante é realizada faz alguns anos em Paris, para uma clientela abastada. Eu pessoalmente conheço um eminente cirurgião que "adultera" a vagina de mulheres jovens, liberando seu clitóris e dobrando-o para dentro da vagina. Não é preciso dizer que essa transformação aumenta consideravelmente a sensação experimentada pela mulher durante as relações sexuais. Ficamos, assim, confusos diante da ciência erótica dos quicuios […].

Confusos, para dizer o mínimo. Impõe-se então a questão de saber se a excisão inevitavelmente provoca frigidez ou se constitui um fator de aumento do gozo. Não estamos buscando tolerar práticas mutilatórias de qualquer tipo. Se essas operações forem percebidas e vivenciadas pelas mulheres como mutilação sexual, elas devem ser interrompidas.

Toda mulher está ou deve estar preocupada — em um nível ou outro — com as práticas de mutilação sexual exercidas sobre os corpos das mulheres, sejam elas quem forem. Contudo, cabe àquelas que foram excisadas e infibuladas, por se oporem a essas práticas e estarem cientes das consequências prejudiciais que elas causam, dizer publicamente que não querem mais esses costumes ancestrais e traduzir essa linguagem em suas vidas cotidianas. Em outras palavras, aquelas que são contra qualquer forma de prática mutilatória devem começar a dar o exemplo e fazer campanhas a respeito dela. Hoje, esses parecem ser os princípios de possíveis soluções.

A excisão: Se essa prática for comprovadamente mutilatória, o que acreditamos que seja, deverá ser abolida e, portanto,

A clitoridectomia e a infibulação

combatida imediatamente, da mesma forma que a esterilização forçada praticada nos países do Terceiro Mundo e nos Estados Unidos e contestada pelos movimentos Black Women for Wages for Housework e Brass Roots.

A infibulação: Não há informações que atestem que tal prática participa de alguma forma do gozo da mulher. De acordo com os testemunhos que recolhemos, a infibulação nos parece uma mutilação com consequências graves e perigosas, tanto no plano psíquico como no físico. Não se pode tolerar mais a sua prática.

A clitoridectomia e a infibulação não são assuntos de reflexão para a maioria dos negro-africanos e das negro-africanas. O mesmo vale para a condição da mulher, tomada em sua globalidade e em sua objetividade.

Na estrutura das organizações da África negra, sejam elas de direita ou de esquerda, essas questões são evitadas sob o pretexto de que as massas dificilmente podem ser mobilizadas nessas bases. Quem decide isso? Quem decreta isso? Os machos e a ideologia dominante de suas organizações — que, ainda que incluam mulheres em seu meio, são fundamentalmente machistas. As mulheres não precisam seguir os homens que adiam sua libertação até a "grande noite da Revolução". Responsáveis, elas devem tomar o seu destino em suas próprias mãos, pensar por si mesmas suas opressões, seus problemas, e considerar por si mesmas as possíveis soluções. Sem observar uma ruptura radical com os homens, precisam trabalhar com eles na perspectiva de uma libertação de todos, refutando qualquer forma de imperialismo (de subjugação) que estes, em um nível ou outro, seriam tentados a exercer sobre elas.

As mulheres precisam ser informadas objetivamente sobre o que elas podem esperar da excisão e da infibulação. Deixem que as mulheres adultas cuidem de seus próprios corpos.

Como lutar contra essas práticas?

Devemos atacar a religião? Não, porque não há motivo religioso por trás dessas práticas, embora algumas pessoas queiram afirmar isso. Então é necessário atacar as estruturas sociais que toleram essas práticas? Sem dúvida. Mas como? Conduzindo uma campanha de imprensa de dentro ou de fora do país! Qualquer ação nessa área merece consideração. A história é rica em exemplos com os quais devemos aprender. Devemos lembrar que no passado houve várias tentativas de abolir essas práticas. Entre outras, as da Igreja da Missão Escocesa no Quênia, em 1929, e as da Sociedade para o Bem-Estar das Crianças, que realizou uma conferência em Genebra em 1931. Todas terminaram em fracasso.

É evidente que essa luta não pode ser levada a cabo sem o questionamento das estruturas sociais hoje vigentes nos países onde tais procedimentos são praticados.

Além disso, é necessário que o máximo de cidadãos e cidadãs desses Estados, bem como os povos que não reconhecem tais práticas, sejam objetivamente informados para que possam tomar posição diante dos problemas da mutilação. Mas o que podem fazer? Uma ação teórica e uma ação prática? Certamente ambas: disseminar informações objetivas e agir de

A clitoridectomia e a infibulação 147

acordo com elas. No entanto, qualquer ação deve ser tomada em conjunto com as mulheres mais afetadas ou com o movimento que representa as mulheres em luta. Qualquer outra ação corre o risco não apenas de estar fadada ao fracasso, mas também de prejudicar o trabalho das ativistas.

2. A poligamia institucionalizada

TODAS AS JUSTIFICATIVAS QUE SE TENTOU dar à poligamia parecem ser "racionalizações a posteriori" e desprovidas de fundamento. Os "motivos" e "razões" evocados são múltiplos.

De um ponto de vista social, a poligamia é considerada uma necessidade nos círculos negro-africanos. Pode traduzir o desejo de aumentar o número de filhos, ampliando, assim, a família. Dessa forma, ela conota a ideia de que os filhos constituem uma riqueza e de que quanto maior for uma família, melhor (mas para quem?). No entanto, cabe uma distinção entre poligamia nas áreas urbanas e poligamia nas áreas rurais.

Qual é a diferença entre esses dois modos de poligamia? Ela pode parecer insignificante para alguns. Notamos que nas áreas urbanas apenas os membros da classe mais abastada (pequena burguesia, burguesia compradora etc.) podem se dar ao luxo de se casar com três ou quatro mulheres, às vezes mais. Acontece de os proletários também se casarem com uma ou duas esposas, ao que responderemos que muitas vezes os moradores polígamos da cidade o são apenas para ostentar suas propriedades. Eles querem se dizer e se mostrar "capazes"; é uma espécie de luxo. Pois quando um homem tem dinheiro, ele se concede todos os direitos, entre os quais a possibilidade de ter várias esposas. Em nome de quê? Do

A poligamia institucionalizada 149

supérfluo, de um espírito de gozo exagerado? De uma "sensualidade transbordante" e caprichosa? Ou...?

Todo mundo concorda em reconhecer que a poligamia não é uma prática específica da África negra e muito menos dos Estados muçulmanos. Institucionalizada ou não, ela é comum em todos os países, europeus ou não. Mais uma vez, é a mulher que mais "apanha". O homem não sofre de forma alguma com essa situação. Mas o que a poligamia representa para um burguês? De saída, somos tentadas a dizer que é um sinal de riqueza, de regalias. Mas, na verdade, não prova nada, tendo em vista que esses homens, sem meios para realizar um casamento, dilapidam fundos públicos para depois acabarem na prisão. Trata-se, portanto, de fazer de conta, de embelezar as coisas? Ou trata-se tão simplesmente de alienação? A poligamia que estamos analisando é aquela praticada e instituída na África negra. Tanto no nível da burguesia como no dos proletários, não seria a poligamia considerada a promessa de riquezas próximas, sendo sua fonte esposas e filhos?

A explicação da poligamia como um sinal de riqueza, um fenômeno de luxo, não pode ser aceita. Quando constatamos que, ao lado de uma pequena minoria abastada, existe um número exorbitante de explorados e pobres, podemos nos perguntar se os polígamos não são apenas homens egoístas, inconscientes, irresponsáveis, *brainwashed men*.* Também podemos nos perguntar por que, nas áreas urbanas, os menos abastados, os proletários e os trabalhadores braçais, também se tornam polígamos. Do ponto de vista econômico, nada os predestina a isso. No entanto, eles se tornam. Por quê?

---

* Em inglês no original: "homens que sofreram lavagem cerebral".

As razões mencionadas em nossa pesquisa com a população masculina revelam que, para 80% dos entrevistados, o problema está no nível da sexualidade, e que para eles isso não tem nada a ver com luxo. Uma segunda, uma terceira ou enésima esposa poderia ser explicada pelo simples fato de que a esposa-mãe, desinformada sobre as práticas contraceptivas, se abstém do sexo por muito tempo no final da gestação, havendo uma interrupção na vida sexual que não é retomada até a criança começar a andar ou a falar, conforme o grupo étnico.

Não há nada de infantil nessa prática que permite uma certa regulação dos nascimentos, que em geral ocorrem com dois anos de intervalo. Esse costume explicaria, em parte, a poligamia tanto nas áreas urbanas quanto nas rurais. Mas esse ainda não é um argumento que possa justificá-la. Como as mulheres podem se abster de relações sexuais, não vemos por que o mesmo não deveria se aplicar aos homens, a menos que digamos: licença para todos. "Machos, se vocês querem se tornar polígamos, sejam polígamos e deixem as mulheres em paz." Elas também, se desejarem, têm o direito de ser poliândricas, mas não é o que estão procurando no momento. De fato, a lei irrompe aqui, porque é nesses termos que o problema pode ser colocado para as mulheres. Os homens fazem isso e "é natural"! Mas as mulheres não têm o direito de desejar o que os homens fazem. Nesse nível, essa é uma revolução nas estruturas familiares e, para além destas, nas estruturas sociais, que precisa ser alcançada.

Vale a pena notar que, atualmente, existem soluções que evitam, tanto para as mulheres como para os homens, uma abstinência prolongada que prejudica o equilíbrio psicossomático do indivíduo: a pílula, claro, o DIU, o diafragma e mui-

A poligamia institucionalizada 151

tos outros meios contraceptivos. Portanto, se o único motivo que os homens têm para justificar a poligamia é a recusa à abstinência sexual ditada pela maternidade da esposa, isso não pode ser aceito hoje. O que não significa que, no passado, esse motivo não pudesse ser invocado.

Mamadou Madeira Keita, falando de poligamia entre os mandingas, declara: "A ausência de alimentação adequada para os bebês exige leite materno por um ano e meio a dois anos. E, enquanto a criança está sendo amamentada, a mãe observa ferozmente a continência". O marido acha esse período de espera demasiado longo; aqui intervém manifestamente o motivo sexual da poligamia.

Por que os proletários se permitem casar com várias esposas? Além dos motivos mencionados, talvez seja porque o problema de assumir várias mulheres não se impõe a eles. Em outras palavras, o dote não precisa ser alto para que eles possam se conceder esse "luxo". Ao contrário dos casamentos burgueses, que são uma fonte de especulação, aqui o dote é muito modesto (trata-se de uma questão de classe). Ainda assim, poderia ser usado para melhorar o bem-estar da família em vez de permitir a aquisição de uma nova esposa. A alienação e as facilidades de casamento nessa categoria social explicam em parte o número crescente de proletários polígamos. Estes são obrigados a reunir suas esposas em uma única casa, um único lar onde elas se atracam e inculcam em seus filhos o ódio recíproco que sentiram ou ainda sentem umas das outras na condição de coesposas. Não é esse um dos males mais prejudiciais da poligamia?

Quanto ao casamento polígamo no meio rural, o motivo dado em todos os lugares é o da mão de obra: "Quanto mais mulheres eu tiver, mais lucrativa será a minha rentabilidade econômica". Aqui nos colocamos a questão de saber se a vocação do homem é juntar e acumular. Não pensamos assim.

Na África, ter muitos descendentes é, para alguns, sinal de riqueza: "Uma família numerosa é rica e respeitada. Os homens formam um verdadeiro batalhão". Estamos em estado de guerra perpétua para sentir a necessidade de criar batalhões? Não seria um argumento mais válido dizer que a África negra precisa de cabeças que pensem e braços que ajam? Quanto mais deles houver, melhor será para a libertação total da África dos vários jugos que a oprimem e aniquilam. Mas o resultado parece o mesmo, seja qual for o motivo que segue animando as pessoas. O problema, em termos práticos, é saber o que pode ser feito com uma massa de jovens em uma África que vem sendo dia a dia roubada, dia a dia saqueada, pilhada e morta de fome por colonialistas e neocolonialistas. Não é essa uma razão para povoar a África com muitos seres que a libertarão desses flagelos mutiladores: a exploração colonial ou neocolonial, o imperialismo, o subdesenvolvimento...?

Hoje, é difícil e delicado decidir entre a limitação de nascimentos e uma demografia sem limites. Não há justificativa para a poligamia. Ela é um produto das sociedades onde reina o *phallus*. Como isso acontece nos círculos africanos?

Nas classes "mais ricas" o casamento pode ser realizado sem custos exorbitantes; é o caso em certos círculos de muçulmanos fervorosos. Pelo contrário, a ocasião pode ser, como já dissemos, de verdadeiras especulações. A jovem se vê em uma situação de ser praticamente vendida pelo lance mais alto. Nesse caso, o casamento não é mais uma questão

A poligamia institucionalizada

de sentimento, mas sim de dinheiro. É escandaloso, poderíamos dizer! Não somos mercadorias, não somos seres dos quais se pode dispor conforme a corrupção ou a pressão dos pais. O dote pode, nessas classes, atingir somas impressionantes, que variam entre 50 mil, 100 mil e mais de 1 milhão de francos CFA. Além disso, pode vir acompanhado de presentes: carro, televisão, máquina de costura e outros acessórios. Isso muitas vezes equivale a desequilibrar o orçamento do homem que se casa e o de seus pais (se são de origem modesta e contribuíram para os custos do casamento), às vezes chegando a levá-los à ruína ou à prisão. Parece inacreditável, mas isso é comum, neste momento, em muitos Estados africanos, incluindo o Senegal.

Isso explica, em parte, a raiva que alguns homens sentem contra o sistema de dote. Em Dakar, por exemplo, vimos que existe um líder religioso que só aceita casar suas sobrinhas e netas por uma quantia modesta que varia de cinquenta a 2500 francos CFA. Além disso, ele tem o cuidado de esclarecer a cada vez aos futuros genros ou aos pais que não se trata de um negócio, mas de um casamento. Parece não significar nada, mas é — em nossa opinião — uma abordagem que denota muita sabedoria, tendo em vista os casamentos comercializados que ocorrem dentro da burguesia compradora e da pequena burguesia. Um dote colossal pode ser uma fonte de endividamento para ambas as famílias se não estiverem muito bem financeiramente, porque cada uma gostaria de fazer pelo menos o mesmo que a outra, se não mais. "Embora seja verdade que, historicamente, o dote tinha o valor de um símbolo de aliança, é perfeitamente claro que o aspecto econômico, e até mesmo o sordidamente comercial, hoje tem precedência sobre o significado original, que foi desaparecendo aos poucos."[13] Ao contrário do que afirma Madeira Keita, segundo o qual

> de um modo geral, os estudos etnográficos exageram a importância, ou mais precisamente a interpretam mal, dos motivos econômicos da poligamia. Eles criaram as expressões indevidas de "casamentos por compra", de "preço da noiva". Eles assimilaram o regime poligâmico a um verdadeiro e fecundo investimento de capital "graças ao trabalho das esposas e de seus filhos",[14]

em que há uma comercialização do casamento. É como se a menina fosse uma mercadoria, que circula com o auxílio desse objeto-fetiche que é o dinheiro. É o caso, entre outros, do Congo, onde, após o casamento, o noivo é frequentemente questionado sobre "Quanto você pagou a ela?", em referência, é claro, ao dote da esposa.

Um dote que explora o homem, um dote que arruína o homem, não tem nada de humano. Vai contra os seres humanos e seu desenvolvimento em nossas sociedades. Mas, paralelamente aos seus detratores, existem os defensores zelosos da manutenção de um dote muito grande; e isso, eles acreditam, é para conter o número de divórcios. É um bom argumento? "Se o homem sabe que gastou demais para fazer tal casamento, ele pensará seriamente antes de se divorciar", alguns dizem. Ao que respondemos que um homem que decide deixar sua esposa sem dúvida a deixará, assim como o inverso é verdadeiro. O dote, grande ou pequeno, não é uma forma segura de garantir a estabilidade de uma família. Uma vida de casal, para ser estável, exige que outros fatores essenciais

A poligamia institucionalizada 155

entrem em jogo: reconhecimento recíproco dos dois cônjuges (ou parceiros) com base numa igualdade — de fato — em direitos e deveres; concessões mútuas; desejo compartilhado de construir algo em conjunto; e, muito evidentemente, afeição mútua.

Na ausência desse mínimo, o casal ruma para a desintegração.

A poligamia é praticada faz muitos séculos, bem antes de Maomé. Mas será essa a razão pela qual deve continuar a existir? Ou, nesse caso, não deveria se tornar uma poligamia recíproca, ou seja, de ambos os sexos, com tudo o que isso poderia acarretar como consequência — a saber, a modificação das infraestruturas da sociedade? Até mesmo o sistema de afiliação teria que ser reconsiderado. Certamente a poligamia é um flagelo difícil de combater nos dias de hoje nas sociedades muçulmanas, na medida em que está instituída. A sua manutenção ou a sua abolição será feita sobretudo pelas mulheres. A fé dessas últimas na possibilidade de sua erradicação, aliada a uma luta feroz e contínua contra essa prática opressora, as levaria à vitória. Será necessário muito tempo.

"O Alcorão é imutável. Não se pode questionar o que está escrito nele. Ele nos permite ter até quatro esposas", dizem os muçulmanos fervorosos, ou outros que são muçulmanos apenas pelo nome e que, sob o disfarce da religião islâmica, praticam a poligamia e muitas outras coisas. Ao que nós respondemos: não é esse o problema. O que as mulheres negro-africanas querem é o reconhecimento da sua identidade e da sua liberdade, e o respeito por sua pessoa. Africanas reivindicam isso. Independentemente de seu número atual, elas ga-

156   *Dos males das mulheres negro-africanas*

nharão a causa, mesmo que estejam convencidas da verdade do provérbio malinês *"Ni sini do, sini soxomate"*.*

Fodé Diawara, ou A apologia da poligamia

Em seu livro *Manifesto do homem primitivo*, Fodé Diawara empreende a reabilitação das chamadas civilizações primitivas para além da civilização ocidental, que em nome da razão as relegou ao estágio da não história. Nobre empreendimento! Uma atitude corajosa, não é? No entanto, era necessário revisitar algumas das aberrações que foram veiculadas e sustentadas por muito tempo, se não até hoje, pelos ocidentais e sua cultura.

"Hegel e/ou a não história da África", cogitávamos como tema de uma tese de filosofia. Então, não tivemos que procurar muito longe, nem por muito tempo, para escapar dessa tentação vã. O assunto estava quase esgotado com Césaire, Leopold Sédar Senghor, Cheikh Anta Diop, Fanon, Léon Damas e muitos outros autores da Negritude. Para se convencer, tudo o que você precisava fazer era abrir *O discurso sobre o colonialismo, E os cães deixaram de ladrar, Os condenados da terra, Pele negra, máscaras brancas...* A grande mistificação ideológica e cultural acabara de ser revelada: eles minaram o sistema segundo o qual há uma superioridade do ser branco sobre o ser negro. A missão "civilizadora" não tinha mais sua razão de ser. Os criminosos foram desmascarados. Nada justificava

---

* Que pode ser traduzido para o português como: "A pessoa bem-vestida nem sempre é alguém verdadeiro".

A poligamia institucionalizada

sua presença nas colônias. Da mesma forma, a existência de colônias era inaceitável. Suprimi-las era imperativo. A colonização e os colonizadores iriam para o inferno. Mas que itinerário tem sido percorrido por esses cantores da negritude? Para Hegel,

a África propriamente dita é a parte desse continente que fornece sua característica peculiar. Esse continente não é interessante do ponto de vista da própria história, mas pelo fato de que vemos o homem em um estado de barbárie e selvageria que ainda o impede de ser parte integrante da civilização. Até onde vai a história, a África permaneceu fechada, sem vínculos com o resto do mundo; é a terra do ouro, voltada para si mesma, a terra da infância que, para além do dia da história consciente, está envolta na cor negra da noite.[15]

Pronto! As apostas foram feitas. A África é definida, catalogada de uma vez por todas, e por todo o mundo os discípulos de Hegel dizem amém, em nome do conceito e da dialética; permaneçamos em silêncio!

Destaquemos também: "A África é, em geral, o país em que predomina a principal característica do topo do país, a indocilidade". E mais adiante: "Na África propriamente dita, o homem permanece parado no estágio da consciência sensível, daí sua absoluta incapacidade de evoluir".[16]

Então, Negras e Negros, o que vocês fazem com seu forte senso de indocilidade? Você aceitaria com a maior docilidade do mundo ser tratada dessa maneira? Na verdade, você não pode fazer mais nada e não é sua culpa, você não pode sair do "estágio de consciência sensível", Hegel *dixit*! E ele não está morto: os professores de filosofia da Sorbonne ainda dizem mais ou menos as mesmas coisas hoje em dia.

Depois de ter posto a África negra em julgamento (em nome de que critérios?), Hegel, é claro, postula a superioridade da cultura ocidental sobre todas as outras. "A Europa é a terra da unidade espiritual, da passagem da liberdade sem medida para a realização individual, para o domínio adquirido sobre a desmedida, para a elevação do particular ao universal e para a reentrada do espírito em si mesmo."[17] Ele não hesitou em ficar com a parte do leão. Na verdade, não podemos culpá-lo, pois tudo o que ele fez, à sua maneira, foi apenas retomar as teses dos antigos colonizadores que viveram na África negra nos séculos XVI, XVII e XVIII. Seus pontos de vista sobre o continente fazem parte de uma tradição de longa data. Teria ela começado com a escravização?

"Quando se quer estudar os homens, é preciso olhar para perto de si mesmo; mas para estudar o homem, é preciso aprender a levar seu olhar para mais adiante; é preciso primeiro observar as diferenças, para descobrir as propriedades."[18] Entretanto, não é suficiente ter absorvido as humanidades particulares na humanidade geral; esse primeiro empreendimento é o início de outros, que Rousseau não estaria tão disposto a admitir e que são de responsabilidade das ciências exatas e naturais: reintegrar a cultura na natureza e, finalmente, a vida em todas as suas condições físico-químicas.

A tentativa de Fodé Diawara de reabilitar o chamado homem primitivo é revolucionária, para dizer o mínimo. Assim, nós a recebemos com satisfação. Entretanto, há alguns elementos em seu ensaio que são passíveis de crítica. A esse respeito, mencionaremos seu capítulo intitulado "A monogamia,

A poligamia institucionalizada

o modo primitivo de união heterogâmica, ou a 'família primitiva'". Ele começa atacando os defensores da monogamia:

> As minorias de "intelectuais", das "elites" na África negra, estão se esforçando, sob o disfarce de participação no progresso, para fundar famílias monogâmicas de tipo burguês. Essa escolha não é o resultado de um horror (um tanto advertido) à "família primitiva", mas da alienação cultural dos chamados "intelectuais" e da chamada "elite" pelo Ocidente da cristandade.[19]

Diawara não faz rodeios: para ele, a rejeição da poligamia é alienação cultural. Isso significa que os únicos casais monogâmicos na África negra são de intelectuais? Seria preciso ser ignorante em relação à África negra, ou intelectualmente desonesto, para ver a formação de todas as unidades familiares monogâmicas como sistematicamente influenciadas por outro lugar. Certamente, a poligamia é um fenômeno muito difundido na África negra. Isso é um fato bem conhecido. Mas, em paralelo a isso, a monogamia é praticada não apenas por intelectuais, mas também, embora em minoria, por analfabetos.

Optar pela monogamia equivaleria à negação sistemática da própria cultura, da própria civilização? Parece que sim, ao menos tendo-se o texto de Fodé Diawara por referência: é como se os monogâmicos estivessem renunciando diante da suposta superioridade da raça branca. Não é nosso propósito aqui julgá-la. O que nos interessa é o papel das mulheres negras no contexto negro-africano.

Sem provas concretas, escritas ou não, pode-se facilmente dar asas à imaginação para formular hipóteses sobre a poligamia na África negra ou sobre qualquer outro assunto. A priori, nada nos permite dizer em termos absolutos hoje o que vem antes ou depois, famílias monogâmicas e poligâmicas. E isso independentemente das especulações de etnólogos, sociólogos ou antropólogos.

Quem faz esses discursos favoráveis à poligamia? Não é coincidência que seja um homem. Ele se deu ao trabalho de questionar suas irmãs negras sobre o que elas acham do assunto? Teria feito isso se fosse motivado por uma preocupação com a igualdade, ou simplesmente o respeito, pelas mulheres negro-africanas. Ele as compromete arbitrariamente quando declara: "A única evolução na família humana que me parece digna de consideração consiste na passagem de sua forma original — fundada na união monogâmica — para formas secundárias fundadas na união poligâmica (poligínica-poliândrica)".[20]

De fato, podemos compreender tudo observando a expressão "me parece digno". Em outras palavras, Diawara envolve aqui apenas sua subjetividade. Pensando bem, ele parece partir de uma situação estabelecida: a vida sexual dos europeus, baseada no sistema monogâmico (evoluindo para uma poligamia tímida — mas uma poligamia aberta — com as novas gerações, e a vida em comunidade). Uma maneira curiosa de proceder! O ponto de partida de sua análise é que o ambiente europeu está em degeneração. O que o valor tem a ver com isso? A dignidade ("me parece digno")? É como se a poligamia fosse o resultado de um sistema decadente. Assim (ainda de acordo com sua lógica), o mesmo fenômeno teria ocorrido na África negra, o que significa dizer que a poligamia é inconcebível, seja do ponto de vista qualitativo, seja como resultado de uma evolução. Trata-se de uma alusão

A poligamia institucionalizada 161

à sociedade que Marx previu após a Revolução: a sociedade comunista — onde todos seriam livres?

A mulher negro-africana, no momento atual, é a favor do princípio da poliandria? Um estudo sério deveria ser feito nesse sentido. Entretanto, com base, por um lado, nas poucas viagens que fizemos ao Mali, à Guiné, à Costa do Marfim, a Gana e à Nigéria, e, por outro, com base nas mulheres que entrevistamos, observamos uma desaprovação quase unânime do sistema poligâmico. Além disso, é evidente que não são a favor da reprodução inversa de um sistema que condenam: a poliandria. É como se, em todos os momentos, as mulheres fossem (sobretudo em Estados islamizados) condicionadas a ser obedientes e permanecer fiéis ao seu único marido.

Assim, não podemos deixar de nos sentir agredidas — como mulheres negras — pela afirmação de Fodé Diawara, segundo a qual "o amor se manifesta em uma natureza humana incapaz de renunciar às alegrias de suas pulsões primárias em proveito de uma existência coletiva harmoniosa à qual os seres humanos estão condenados".[21] Diawara acredita que a realidade mais profunda é a vida coletiva e que o amor, por meio de sua reivindicação ao individualismo, rompe a harmonia da coletividade.

Fora da coletividade não haveria amor? Essa é uma definição muito ruim de amor. Glória às pessoas negras, ou melhor, ao homem negro! O amor exclui a possibilidade de uma vida coletiva? O que é a existência coletiva harmoniosa? Permanece indefinida, no texto de Diawara. Será que algo indefinido significa que devemos desistir das "alegrias das pulsões primárias"? Será que os negro-africanos não sabem o que é o amor?

Não há nada de surpreendente em tais declarações. Antes da afirmação acima, Diawara não hesitou em decretar a não existência do amor no verdadeiro homem:

> E não deveríamos antes considerar um resultado feliz do verdadeiro gênio humano o fato de que o "amor" deixou de existir no "homem primitivo" ou, mais exatamente, que o "homem primitivo" se tornou tão completamente senhor de suas sensações primárias que parece incapaz de experimentá-las?[22]

Privada de seu corpo e habituada a ser violentada, a mulher negro-africana casada acaba sendo passiva durante o ato sexual, acusando assim uma recusa em participar do coito, ou simplesmente uma frigidez. Independente das práticas de mutilação sexual que ela pode sofrer, isso explica bem tal estado: "para o 'homem primitivo', o problema da sexualidade é acima de tudo uma questão de *quantidade*". E um pouco mais adiante: "As carícias e outras formas de intimidade provavelmente limitam a frequência e a duração do coito e, portanto, reduzem a produção de energia sexual. É por essa razão que os amantes 'primitivos' desdenham dos beijos".[23]

Está provado que a sexualidade negro-africana pode ser definida dessa maneira? O que quer Diawara? "Revalorizar" o negro-africano? Por qualquer meio que seja? Lendo essa passagem de Marcuse, alguém poderia pensar que Diawara era um adepto seu:

> O fetichismo das mercadorias parece se fortalecer a cada dia, e somente homens e mulheres que tenham demolido a fachada tecnológica e ideológica que esconde o que está acontecendo, o

A poligamia institucionalizada 163

que está sendo tramado de modo contínuo, encobrindo a racionalidade mórbida do todo, serão capazes de superá-lo; homens e mulheres que se tornaram livres para satisfazer suas próprias necessidades e construir, em solidariedade, um mundo feito para eles.[24]

Entretanto, quando se tratava de poligamia, a profissão de fé tinha precedência sobre a objetividade e a informação. Estas poucas linhas podem testemunhar isso: "Por fim, se hoje todos têm fortes argumentos contra a família monogâmica burguesa, não há, por outro lado, ninguém que condene a 'família primitiva' em nome de outra coisa que não seja um absurdo idealista". E Diawara acrescenta: "Ora, no 'grupo primitivo' as relações entre o homem e a mulher não são mais colocadas em termos de igualdade". (Isso não seria o mesmo que dizer que eles já se estabeleceram como tal?) "Aqui [...] o homem e a mulher estão em permanente e fiel interpretação de seus respectivos papéis no microcosmo que é o 'grupo primitivo'". E o mais bonito: "A mulher e o homem 'primitivos' não reivindicam igualdade".[25]

O que o falocrata negro-africano pode reivindicar em relação à mulher negro-africana? Uma igualdade de quê? Entre o quê? Entre quem? Uma igualdade na opressão? "Eles assumem sua diferença e sua complementaridade em uma participação coletiva na economia do cosmo."[26] Isso é delirante! Em que consiste sua complementaridade? Seus respectivos papéis?

3. A iniciação sexual

Depoimento: uma decana do Mali

Fase iniciática: Você quer saber quem é a mulher do Mali e o que eu penso sobre ela. Eu penso apenas coisas boas sobre ela. Porque é uma mulher com bravura. Dar a você um retrato ou uma descrição dela me leva de volta à sua infância, se não à adolescência. A pequena maliana — aldeã ou não — era, no meu tempo, excisada entre os seis e os quinze anos. Essa é a primeira fase da sua comunhão com a comunidade em que vive. Uma vez curada, ela passa por isso aos quinze anos ou depois das aulas de iniciação. As meninas são reunidas em grupos para serem iniciadas. Elas fazem diversos cursos. O primeiro pode ter como objeto o estudo do algodão. Ministrado por uma senhora, explica a origem e os vários usos do algodão. Um dia inteiro pode ser dedicado a esse propósito. No dia seguinte, outra senhora idosa virá falar sobre o carité e seus diversos empregos e funções. O mesmo para o índigo e para todos os recursos naturais de que a jovem possa precisar ou usar ao casar.

Em seguida, um grupo de mulheres reputadas como sábias lhes dá aulas sobre casamento, sobre a vida conjugal e sobre como lidar com os familiares do marido, que muitas vezes podem ser fonte de conflito entre os cônjuges na África ne-

A iniciação sexual 165

gra. Durante esses cursos, será enfatizado o respeito que a esposa deve ter pelo marido, a submissão absoluta que deve demonstrar a ele, a fidelidade que deve manter a ele. Serão ministrados cursos de puericultura, de proteção materno--infantil ao "estilo africano". Tudo isso visa a tornar a jovem iniciada uma "boa" esposa e uma "boa" mãe.

O que dizer da mulher que se deixa degolar para que seu marido possa subir ao trono? Poderíamos ver isso como um forte senso de abnegação ou, simplesmente, de alienação.

As lições dadas às iniciadas são repetidas até que todas as meninas do grupo as assimilem. A história, a medicina africana elementar (o estudo de plantas com propriedades curativas, fenômenos físicos naturais como senescência etc.), a física, a astronomia, a filosofia (uma filosofia fatalista para mulheres), os ritos etc., nada é poupado. Todos os assuntos relacionados à vida cotidiana e tradicional da jovem são tratados, mas sob o ângulo da tradição.

No grupo encarregado de iniciar as jovens, havia uma ou duas mulheres iniciadas — mas eram iniciadas em sociedades secretas. São mulheres que cruzaram todas as escalas da feminilidade. Seu papel é informar as meninas sobre a existência das sociedades secretas e chamar sua atenção para o fato de que elas não podem nem devem tentar entrar nelas. Qualquer pessoa que não obedecesse a seus conselhos corria o risco de atrair a maldição do *como*, a inimiga das mulheres (ela não a veria, mas a ouviria e poderia morrer por causa dela. Apenas os iniciados da sociedade secreta podem ver e ouvir o *como* sem perigo). Todas as mulheres que ministram esses cursos são consideradas não apenas senhoras sábias, mas também mulheres exemplares e especialistas nas aulas que dão.

Os cursos têm como finalidade armar as meninas para que possam enfrentar a vida conjugal e social, ou seja, a vida comunitária. Note-se que as aulas de canto ministradas durante a iniciação referem-se ao casamento, à circuncisão, à excisão, ao batismo, ao amor, à colheita...

As moças que saem da iniciação devem saber para onde estão indo. São casadas no mesmo ano da excisão e da iniciação, ou um ano depois. A iniciação pode durar muito tempo, alguns meses. Em geral, começa um ou dois meses após a excisão. Pelo menos na minha aldeia é assim.

A educação das meninas mais velhas entre os bambaras do Mali: Na minha aldeia, a irmã mais velha do pai (ou, na falta dela, a irmã mais nova), apelidada de "tia-avó", desempenha um papel onipotente na educação das filhas mais velhas de seus irmãos. Na verdade, ela é a responsável por garantir a educação delas; sua própria educação é considerada adequada. As meninas, que ficam sob sua autoridade, moram juntas em sua casa. Apenas ocasionalmente visitam seus pais. Uma vez no lar, são informadas dos problemas que se apresentam na família. Quando retornam à casa da "tia-avó", reportam-se a ela, que então pondera, dependendo dos problemas colocados, as devidas soluções. Ela não é obrigada a submetê-los ao seu marido ou a consultá-lo a respeito.

Dado que, no nosso meio, as meninas mais velhas devem servir de modelo para suas irmãs mais novas, as antigas iniciadoras insistem muito no espírito de sacrifício e de abnegação que elas devem ter. Antes da excisão, as mais velhas ficam sob a governança de sua "tia-avó".

A iniciação sexual

O casamento: No que diz respeito ao casamento, citarei dois casos. Tanto em um quanto no outro, é o homem quem fornece o dote: entre os fulas, consiste em oito ovelhas, uma vaca e um bezerro; entre os bambaras, se fixava na natureza.

Hoje, contudo, uma lei estipula o dote em uma quantia de 15 mil francos malianos para uma mulher que já é casada e 20 mil francos malianos para uma jovem. (Considerando o padrão de vida muito baixo, os valores parecem altos para os agricultores e trabalhadores, que não ganham o bastante. O salário médio mensal de um trabalhador do Mali é de cerca de 15 mil francos malianos.)

O gado que a jovem adquire por meio do casamento é usado para casar seus irmãos, de modo que quanto mais gado há do lado das meninas mais fácil é para seus irmãos se casarem. Além disso, sempre há mais gado no lado das mulheres que no dos homens, mesmo que circule: constitui o dote trazido a elas pelo marido. Os homens que não são capazes de se casar em tais condições partem para as cidades ou para o estrangeiro. É assim que assistimos a um êxodo rural cada vez maior (tendo em vista os anos de seca, ou por causa da emigração). Os homens vão, assim, em busca de divisas para poder realizar, entre outras coisas, um casamento ao retornar.

Quando se trata de casamento, em geral é a "tia-avó" que "orquestra" tudo. As pessoas são supersticiosas em minha casa. Evitamos as lágrimas da "tia-avó", muitas vezes a ponto de concordar com suas decisões, em prejuízo de nós mesmas.

Antes de sair das aulas de iniciação, a jovem é informada sobre os diferentes tipos de homem que poderá encontrar. Entre esses, as iniciadoras citarão o marido "ovelha", gentil e dócil; o marido "macaco", exigente, que irrita a esposa etc.

168 *Dos males das mulheres negro-africanas*

Também é estudada a maneira como se comportar com os amigos do marido para que o sucesso no casamento não se transforme em fracasso, e como uma mulher deve resistir às tentações ou aos avanços dos homens que a cortejariam. A iniciação é uma verdadeira escola.

DEPOIMENTO: D. O.

Sou congolesa. Tenho 35 anos. Estou escrevendo uma tese de sociologia. Eu venho de uma família numerosa. Meu pai era polígamo. Tinha três esposas. Minha mãe foi a terceira. Eu sou a mais velha dos filhos e filhas da minha mãe. Sou a única filha da minha mãe que foi à escola. Meu pai morreu quando eu tinha dez anos. Minha mãe tem dois meninos e outras duas meninas. Estas vieram logo depois de mim. Ajudavam minha mãe a cuidar da casa e dos meus dois irmãos mais novos. Meu pai era agricultor. Não éramos afortunados. Eu sou do grupo étnico Bakongo. É um grupo majoritário no Congo. Os bakongos são originários do antigo reino do Congo, ou seja, de Angola e de San Salvador. Representam 40% da população congolesa.

Entre nós, bakongos, o que mais me impressionou com relação à população feminina foi isso: a iniciação à sexualidade. As meninas bakongo têm vergonha de se apresentar virgens aos maridos na noite de núpcias, como é tradição. Precisavam "se preparar" de antemão. Em que consiste essa preparação? De uma forma ou de outra, a jovem tinha que se livrar de sua virgindade. O método comum era se deflorar com um tubérculo de mandioca. Isso é feito na puberdade.

A iniciação sexual   169

É a partir dessa idade que as meninas são iniciadas por grupos de amigas. Aqui a iniciação não é obra de senhoras idosas que inculcam seu conhecimento em jovens meninas em flor.

Os vilis

Entre os vilis, há — no que diz respeito às moças jovens — uma prática que é quase o oposto da dos bakongos. Aqui, a jovem é obrigada a permanecer virgem até o dia de seu casamento. E, no dia seguinte, o lençol branco em que foi consumada a noite de núpcias é exibido, na presença de membros de sua família, de suas tias, tios, primos.

É uma grande honra para os pais da noiva que ela tenha conservado a virgindade até o dia do casamento. Se a jovem não é virgem, a tradição exige que seus pais paguem uma multa ao sogro e à sogra, e assim o marido mantém a esposa.

As meninas vilis são submetidas ao *kikumbi*, que consiste na seguinte prática: uma vez atingida a puberdade, a menina é levada e trancada em uma pequena cabana. Durante esse período, é cercada de pequenos cuidados. Seu corpo é untado todos os dias com um unguento chamado *tukula*, na língua quicongo. É um produto de caulim misturado com uma espécie de fruta seca.

A menina é particularmente bem alimentada durante o enclausuramento. Toma-se cuidado para garantir que ela fique bem acima do peso, de modo que, dizem, ela esteja apta a ser uma *boa* esposa. Em nosso país, os homens gostam de mulheres carnudas, para não dizer gordas, ao contrário da estética europeia, onde o filiforme é o rigor.

Isolada, a jovem não tem o direito de falar com ninguém de fora da família ou do grupo de mulheres encarregadas de cuidar dela. Normalmente, uma cabana é construída na casa dos pais com esse objetivo. Caso contrário, ela dividirá o quarto de sua mãe, onde será acomodada em um canto. O fim do enclausuramento resulta na maioria das vezes no casamento da jovem, sendo marcado por uma série de festividades.

4. O branqueamento da pele: O mal "negro" da segunda metade do século xx

> Há alguns anos, os laboratórios planejam descobrir um sérum de desempretecimento; com toda a seriedade do mundo, vêm lavando seus tubos de ensaio, ajustando suas balanças e iniciando pesquisas que permitirão que os desafortunados negros se branqueiem e, assim, não carreguem mais o fardo dessa maldição corporal.
>
> FRANTZ FANON, *Pele negra, máscaras brancas*

O SORO DE DESEMPRETECIMENTO FOI enfim descoberto? Falou-se, a esse respeito, sobre leucemia (aumento de glóbulos brancos no sangue)? Ainda assim, existem sabonetes e cremes que permitem ao negro "desempretecer-se"; seriam originalmente reservados para o tratamento de acne e seborreia.

É assim que, entre outras coisas, a Asepso revela ter virtudes curativas. O inconveniente desses cremes e sabonetes é que eles clareiam a tez da pessoa negra, embora clinicamente possam ser eficazes contra espinhas. As mulheres negras os utilizam o tempo todo. Abusam deles, embora não tenham furúnculos ou acne. Sua única motivação: clarear a tez — pensando que assim são mais "apetitosas", como objetos sexuais, aos olhos do homem negro. De fato, um mito prevaleceu por muito tempo e ainda prevalece na África negra, segundo o qual a mulher negra de pele clara seria "mais bonita" do que a de pele mais escura. Isso não tem nenhum fundo de verdade. Pode-se ter a cor do ébano e ser de grande beleza — as mulheres não precisam jogar o jogo dos homens. De onde vem esse mito?

Sob a pena de Jacques Marcireau, encontramos uma alusão à mulher de tez clara:

> Entre os tomas da África, onde existe a poligamia, os chefes têm uma esposa fetiche, escolhida pelo tom claro de sua pele. Ela se distingue das outras mulheres porque é respeitada (o marido não bate nela) e proibida de realizar atividades domésticas ou quaisquer outras atividades. Ela tem um papel quase religioso de amuleto da sorte.[27]

Se essa mulher de pele clara é uma fonte de felicidade para o marido, é simplesmente porque ela mesma está em uma situação privilegiada em comparação com suas coesposas, que não são respeitadas, são espancadas e podem ser abandonadas a qualquer momento. Portanto, para preservar essa situação, ela procurará agradar o marido, fazê-lo feliz. Ela é privilegiada no plano afetivo, mas também no plano da produtividade. Ela não faz nada. Em suma, mitos são mitos! Vivemos, no momento presente, realidades que não têm nada de mítico. O branqueamento da pele tornou-se um mal "negro" das sociedades negro-africanas. E, no exato momento em que escrevemos estas linhas, certamente deve haver milhões de mulheres, pretas, que usam esses cremes no rosto, no corpo, ou que se ensaboam com esses produtos "desempretecedores". A preta está se alienando. O preto também. E tudo incentiva

O *branqueamento da pele*

essa alienação: o rádio, os jornais, os meios de comunicação de massa. Seria divertido examinar os jornais e revistas, ditos femininos, destinados às sociedades negro-africanas. Não é incomum encontrar uma página inteira dedicada à publicidade desses produtos. Nós nos divertimos com uma dessas fórmulas: "Eles vão... eles vêm... Nós os notamos. Eles têm o chique Ambi", acompanhada por fotos de casais que, sem nenhuma dúvida, consumiram quilos e quilos de sabonetes e cremes clareadores. Alienação! Presença da sociedade do espetáculo. Sociedade de consumo.

O que um ser colonizado ou neocolonizado e subdesenvolvido deve fazer para se "destacar"? Branquear a pele com produtos clareadores, em vez de se armar contra o desenvolvimento do subdesenvolvimento e tentar escapar dele? NÃO! Branquear a pele por mestiçagem? Não mais. Mesmo no caso em que o clareamento da pele é resultado da coabitação de diferentes raças, negras e brancas, ele encobre um significado ideológico. "Embranquecer sua descendência" (embranquecer a raça) era o preceito amplamente aceito e posto em prática pelas pretas e pretos das Antilhas ou da América. E isso na medida em que a população negra dessas regiões estava confinada à miséria mais sórdida. "Sair dessa", tal era sua obsessão. Eles pensavam que a única saída, por mais ilusória que fosse, era ascender ao status de ser humano branco. Até que ponto isso era possível? Através do trabalho? Não. Filhas e filhos de escravos negros "transplantados", Pretas e Pretos estavam sob o domínio de seus senhores brancos. A relação de dominante e dominado que seus senhores mantinham com eles dificilmente permitia que fossem tão livres quanto os últimos. Escravas, minorias desarmadas e transplantadas, as comunidades negras das Antilhas e da América preferiram muitas vezes sufocar sua revolta sofrendo por dentro em vez de se insurgir, de lutar com as armas na mão.

A miscigenação deu origem aos mestiços, uma nova categoria de indivíduos privilegiados em relação aos pretos e pretas. Na época, era vista como um meio de promoção social para a comunidade negra. A mulher mestiça na maioria das vezes procurava se casar com um homem branco. Assim, permitia que seus filhos se tornassem brancos e, dessa forma, pertencessem, por intermédio da mestiçagem, à sociedade dos senhores (ou simplesmente dos seres humanos): as pessoas brancas (ainda mais porque, nessa parte do universo, o homem de cor tem sido um sub-humano). Isso foi praticado tanto nas Antilhas como na América Latina. No entanto, em um caso como no outro, a miscigenação causa problemas — particularmente para a população feminina. Tomemos o caso da Colômbia, onde há um profundo desacordo entre mulheres de cor: mestiças ou pretas de pele escura e mulheres brancas. Essas últimas imaginam que as demais não têm outra coisa em mente a não ser ter filhos brancos e, portanto, tomar-lhes os maridos brancos. A categoria das oprimidas formada pelas mulheres encontra-se dividida exatamente por isso.

Qual é o objetivo perseguido por essa política de branqueamento? A assimilação? A manutenção, a sobrevivência das raças em sua diferença? A pergunta permanece sem resposta. O encontro de raças leva a uma mistura física e cultural, não há o que objetar a isso. Se essa miscigenação tem como objetivo a aniquilação orquestrada de uma comunidade, seja ela judaica ou negra, ela se torna condenável, assim como o

O branqueamento da pele

genocídio. (Aqui, isso equivaleria, a longo prazo, à dissolução do ser preto-negro, isto é, ao desaparecimento puro e simples do ser preto de pele negra.)

O branqueamento da pele pela miscigenação lembra, em alguns aspectos, aquele operado pelo uso de produtos clareadores. A cor negra do preto se deve à presença de melanina nas células melanóforas do organismo. A pele da pessoa branca também a contém, mas numa condição inibida que apenas aparece quando é exposta ao sol, dando-lhe assim a cor marrom do bronzeado. O uso de sabonetes e cremes clareadores produz, na pele negra, uma descamação e um efeito inibitório. A pele se solta. A melanina é inibida. Ocorre um clareamento gradual. Quanto mais esses produtos são usados, mais clara se torna a tez, produzindo tons semelhantes aos da pele mestiça, mas com nuances diferentes (o olho treinado detecta rapidamente um indivíduo "clareado" ou "branqueado" dessa maneira). Por uma questão de economia, algumas negras não podem pagar uma quantidade suficiente desses produtos para "branquear" todo o corpo, então os utilizam somente no rosto. É por isso que, em áreas mais desfavorecidas, podemos ver rostos "clareados" que se destacam em relação a corpos que são totalmente negros ou de uma tonalidade diferente.

Os produtos clareadores estão inundando os mercados, seja na América, na África ou na Europa. Com efeito, em Nova York, Londres, Paris, Abidjan e Lagos (para citar apenas algumas cidades), as pretas os encontram à venda.

Hoje temos o direito de nos perguntar qual foi o objetivo dessas descobertas. A cor negra é tão preocupante que a necessidade de branquear os negros germinou na cabeça dos inventores desses produtos? Embranquecer os negros fisicamente após terem "embranquecido seus cérebros", na expectativa de torná-los definitivamente não crespos, antes que façam com que a raça branca perca sua pureza? Essas perguntas permanecem sem resposta.

No entanto, o que aqueles que despejam produtos clareadores nos mercados não dizem é que a pele "branqueada" é uma pele fragilizada. Ela não atua mais como um filtro para os raios do sol, tornando-se, portanto, vulnerável. Isso a expõe à carcinogênese, que se seguiria à ulceração.

Hoje em dia, "embranquecemos" à vontade, com a ajuda da alienação e da propaganda enganosa. Cabe tomar medidas contra os jornais que anunciam esses produtos. Que eles sejam boicotados ou proibidos pelos Estados negros africanos. Que se retirem esses produtos dos mercados negro-africanos. Que uma campanha de informação objetiva seja conduzida entre pretos e pretas. Que a cor negra seja portada pela mulher preta e pelo homem preto com dignidade e orgulho.

Qualquer incitação ao consumo de produtos "branqueadores" — reconhecidos pelos médicos como prejudiciais ao organismo — deve ser questionada pelas mulheres em luta. Na verdade, o que realmente tornaria possível erradicar das sociedades negro-africanas esse mal "negro" do século XX seria uma tomada de consciência radical, por parte das mulheres pretas e dos homens pretos, em relação ao seu próprio ser, e uma virada radical nos sistemas que toleram e incentivam, de uma forma ou de outra, essa prática.

Ser uma preta ou um preto e manter sua tez natural hoje em dia é um sinal de tomada de consciência. Ser uma preta

O *branqueamento da pele* 177

ou um preto e preservar sua tez natural é hoje em dia desmistificar e desmitificar. A cor negra não é feia. A tez negra é tão boa quanto a amarela ou a branca. Os critérios de beleza diferem de uma civilização para outra, de uma sociedade para outra. A relatividade está presente por toda parte.

Preto-branqueado ou preto-negro, o preto sempre será um preto. Então, por que se definir em relação aos outros (às pessoas brancas, por exemplo)? Às pessoas que "branqueiam" a pele e temem que, se pararem de usar produtos clareadores, voltarão à sua verdadeira tez de preta ou de preto (que é o que ocorre, efetivamente): considerem que "Não importa o quanto você pinte o pé da árvore de branco, a força da casca por baixo grita".[28] E digam a si mesmas que não há vergonha em retornar à sua tez natural, assim como não há vergonha em manter os cabelos crespos.

Para a maioria das mulheres pretas, esse alisamento não se fazia sem danos, muitas vezes causando queda de cabelo e queimaduras no couro cabeludo e, sobretudo, nas orelhas. A preta, ao usar a peruca lisa, traduz um grande desejo, ainda que inconsciente, de se conformar com a estética europeia. Quem define os critérios de beleza europeia como valores absolutos para as sociedades negro-africanas? Certamente não é a mulher preta, mas o colonizador, o colonizado e, depois deles, o neocolonizado. De fato, a mulher preta se mostrava mais conservadora do que o homem preto, que, alienado pelo bombardeio ideológico excessivo, cada vez mais se afastava da sociedade tradicional em que havia sido criado, e isso em benefício de uma sociedade à qual não está integrado: a sociedade Branca, confirmando assim que é ela quem encarna o ideal de beleza, o ideal dos valores absolutos. A mulher preta ("em idade de se casar" ou casada), para agradar o homem preto, conforma-se então à imagem que lhe envia o "Outro": a branca. O preto e a preta, longe de serem livres, reforçam assim sua alienação.

PARTE III

Feminismo e revolução

ENQUANTO AS MULHERES dos países industrializados concentram seus esforços, entre outras coisas, na busca e na criação de um discurso tipicamente feminino, a África negra e suas filhas estão na fase de busca de sua dignidade, de reconhecimento de sua especificidade como seres humanos. Essa especificidade sempre lhes foi negada pelos brancos colonialistas ou neocolonialistas e por seus machos negros. Basta uma olhada rápida na história para se dar conta disso. Como era a África nos séculos xv e xvi? O terreno de onde se extraía essa mercadoria humana, o "ouro negro" da época: os escravos, espalhados pela América e pelas Antilhas.

Não se trata de modo algum de dizer: "Irmãs pretas, tenham cuidado! A luta das mulheres dos países industrializados não é a nossa", mas simplesmente de lembrar, embora algumas estejam conscientes disso, que a nossa luta, Pretas, nem sempre se situa no mesmo nível daquela das mulheres europeias. As nossas reivindicações primordiais não são as mesmas.

Na África negra, grassam a poligamia institucionalizada, as práticas de mutilação sexual, os casamentos forçados, os noivados de crianças... É verdade, por outro lado, que as mulheres negras têm que lutar contra os mesmos flagelos que suas irmãs europeias. Trata-se, no entanto, de distinguir dois níveis da exploração e da opressão das mulheres:

182   *Com a palavra, as pretas*

- aquele em que a exploração e a opressão são sofridas sem serem compreendidas pelas vítimas: é o caso de muitas negro-africanas, tradicionalistas ou não;
- aquele em que a exploração e a opressão são sofridas, parcialmente compreendidas ou totalmente teorizadas — e às vezes despontam — sobre movimentos de libertação das mulheres, como é o caso nos Estados Unidos e na Europa.

Mas um esclarecimento é necessário.

As feministas europeias muitas vezes compararam a opressão e a exploração das mulheres às dos negros nos Estados Unidos ou na África negra. Assim, na mensagem enviada por Kate Millett aos organizadores da manifestação Dez Horas contra o Estupro, lê-se: "O estupro é para as mulheres o que o linchamento é para os negros". Como se houvesse uma identificação — mulheres/negros (como seres oprimidos) e estupro/linchamento. Isso é um erro.

Comparemos coisas comparáveis. Uma igualdade termo a termo entre mulheres e pessoas negras não poderia se justificar. É possível ser do sexo feminino e da raça negra. Se o estupro é para as mulheres o que o linchamento é para as pessoas negras, então o que dizer do estupro de mulheres negras por homens negros? Para dissipar qualquer ambiguidade na frase de Millett, é necessário especificar que se trata [do estupro] de mulheres brancas, o que ela não faz. Nesse caso, a identificação antes sublinhada permanece, mas dificilmente se justifica. Onde — em tudo isso — está situada a mulher negra? As feministas europeias que são complacentes com essa equivalência errada — o problema ou a situação das mulheres (*brancas*, é preciso ouvir, mesmo que elas não o digam)

Feminismo e revolução

= a situação dos negros — parecem não saber disso. Assim como aqueles que dizem que "as mulheres são os negros da humanidade". O que ou quem são as negras, as pretas? As mulheres negras do povo negro da humanidade?

Alguém poderia dizer que as pretas nem existiam. Na verdade, elas são negadas aqui pelas mesmas pessoas que afirmam lutar pela libertação de todas as mulheres.

O que emerge dessas entrevistas é o estado de opressão, de exploração e de frustração em que vivem as mulheres negro-africanas. Com exceção de uma minoria pertencente à burguesia, no caso alguns intelectuais, a mulher negro-africana, seja ela moradora da cidade ou do campo, seja casada, divorciada ou solteira, vive em condições deploráveis.

Durante a colonização, a mulher negro-africana sofreu uma dupla dominação, uma dupla escravidão. Ela não estava sujeita apenas ao colonizador, mas também ao colonizado, que era o homem negro-africano. Após o período colonial, ela se viu confrontada com problemas cada vez maiores: as consequências da colonização (a descolonização ocorreu apenas na aparência), a tendência à aculturação... Ela está sempre sob o jugo do homem: pai, irmão ou marido; desejada, é objeto da satisfação sexual do macho e faz parte de seu dispositivo de conveniência. Em resumo, ela é uma esposa recatada e do lar.

Voltemos ao período colonial. O status real da mulher negro-africana não era idêntico ao da afro-americana da América escravista ou do Caribe? Assim como a afro-americana, a mulher negro-africana se viu forçada a obedecer aos caprichos sexuais de seu senhor branco: o colono que, tendo se apropriado de suas terras, tornou-se onipotente sobre ela.

Não pensamos aqui no problema da libertação das mulheres negras em termos de um pré-requisito ou de uma prioridade. E isso na medida em que dois aspectos das lutas negro-africanas interferem:

- as lutas pela independência econômica e política efetiva;
- as lutas pelo reconhecimento e respeito dos direitos e deveres dos homens e mulheres, para além de tudo, das raças.

Um não deve excluir o outro. O melhor seria poder combinar as duas ao mesmo tempo. "Isso parece impossível", poderiam responder os sexistas e os racistas. A isso responderemos: estamos na África com tudo o que isso implica em termos de conotações (situação colonial ou neocolonial, patriarcado, feudalidades...). Na Argélia, na Guiné-Bissau e em muitos outros Estados que acreditavam genuinamente que estavam libertando seus países e suas populações por meio de uma guerra de libertação nacional — e, portanto, também as mulheres —, pode-se ver que, para estas últimas, a libertação simplesmente não aconteceu. Na Argélia, a mulher ainda usa o véu e fica confinada às tarefas tradicionais de serva, reprodutora e guardiã do lar. Além disso, tem um papel não desprezível na preservação dos costumes, das tradições (inadaptáveis ou inadequadas à nossa época).

Certamente, a mulher deve adquirir sua independência total. Para isso, terá que lutar para arrancá-la da sociedade. Terá que aprender a desmistificar essa dependência em relação aos homens, essa alienação que ela já viveu ou que ainda vive agora.

Feminismo e revolução

Elas precisam travar não apenas uma luta de classes, mas também uma luta de gênero. A norte-americana Shulamith Firestone entendeu bem essa multiplicidade de lutas das mulheres, declarando que: "Para desenraizar efetivamente todos os sistemas de classe, precisaremos de uma revolução sexual muito mais ampla do que a revolução socialista (que seria apenas uma parte dela)".[29]

As mulheres negro-africanas

Nas antigas colônias, fossem elas francesas, belgas ou outras, a mulher preta conheceu o mesmo destino que suas irmãs no Zimbábue ou na América Latina hoje. Como o seu irmão negro, a mulher negra sente as consequências nefastas, os danos desastrosos do colonialismo. Mas ela os sente mais do que o homem, uma vez que não somente é confrontada com o racismo branco e a exploração de sua raça pelo colonizador, mas também precisa suportar a dominação que o homem branco ou negro exerce sobre ela como resultado do sistema patriarcal em que ambos vivem.

Por ser colonizada, ela está, da mesma forma que o homem negro, sujeita à obrigação de trabalhar para o colonizador. Ela é, portanto, explorada como uma força produtiva. Além disso, por causa de sua cor e do seu sexo, é a mão de obra mais barata: ela é mal paga pelo colonizador e também em comparação com o homem. A partir de então, ela passa a ser explorada não apenas como uma pessoa negra, mas também como mulher. Mas qual desses dois conceitos prevalece sobre o outro? O fato de ela ser negra a leva, independentemente de seu sexo, a ser escrava do colonizador. Ela é percebida apenas como um animal de carga, do mesmo modo que seu irmão negro. Mas uma diferença é rapidamente estabelecida entre um e outra. Sem dúvida, o colonizador não fez mais do que perpetuá-la, ou então estabelecê-la, por sua presença em uma terra que ele "confiscou", já que essa diferença também é, em nossos dias, específica de sua sociedade (em que as mulheres também são subestimadas).

A mulher preta "vale" menos do que o homem preto por seu trabalho, segundo o colonizador e o sistema patriarcal. Isso se traduz concretamente nos salários e na "consideração" em todos os domínios. Ela é valorizada aos olhos do colonizador apenas como objeto da satisfação sexual. (E ainda uma vez mais!)

A esse respeito, a subjugação da mulher preta estava na origem — no seio da colônia — de uma população mestiça. Em virtude da relação de poder dominante/dominado na qual vive, ela é vítima do colonizador macho, dotado de poder de estupro psíquico e físico sobre o povo colonizado.

Devido a sua função sexual, a mulher preta às vezes é percebida pelo homem branco como uma mulher. Em outras palavras, ela deve ser uma mulher sem ter essência humana. Difícil de conceber! Não estamos longe da velha concepção católica segundo a qual a mulher não tem alma. No entanto, aonde quer que os colonizadores fossem, deixavam sua marca, tanto no plano político como no econômico e social: o estabelecimento de regimes coloniais ou neocoloniais e a imposição de monoculturas, como no Senegal, onde a agricultura é essencialmente baseada no amendoim, em detrimento de culturas alimentares, algo que Aimé Césaire denunciou com muita

Feminismo e revolução

propriedade quando falou do progresso social alcançado pelo colonizador: "Quanto a mim, eu falo de sociedades esvaziadas de si mesmas, culturas pisoteadas, instituições minadas, terras confiscadas, religiões assassinadas, magnificência artística aniquilada, possibilidades extraordinárias suprimidas".[30]

Além disso, é necessário observar que surgiu uma população mestiçada, por menor que seja ela. Levada à força pelo colono — estuprada — ou seduzida por meio de algum artifício, pois é percebida como objeto de prazer, a mulher preta se vê reduzida a um status degradante. Com sua essência negada, o que resta dela? NADA. *Ela não é mais nada*, ou melhor, está reduzida ao estado de instrumento. Nesse contexto, existe a possibilidade de amor verdadeiro entre o colonizador e a colonizada? Ou uma possibilidade de relações humanas?

O objetivo da nossa discussão não é de modo algum dizer se o colonizador e a colonizada podem se amar, mas antes detectar as diversas opressões e explorações que esta última pode sofrer em sua relação com o primeiro.

Por fim, em relação ao homem preto a mulher preta é a escrava de um escravo, pois ele é escravo de um colonizador.

No estado colonizado da África negra, a mulher preta não conheceu o mesmo destino que sua irmã de cor da América Latina. O único ponto em que sua condição difere é em seu relacionamento com as pessoas brancas. Na colônia na África negra, o homem branco é um ocupante, um intruso, porém está em posição de força, embora seja minoria (numericamente). Na América Latina, a mulher preta é uma transplantada. Lá ela é a minoria, por sua pertença a essa "raça de escravos" importados da África negra e lançados nas plantações de cacau e café para garantir o cultivo. As po-

188   *Com a palavra, as pretas*

pulações pretas da América Latina são minoria não apenas
em força, mas também em número. Estão desarmadas. Em
outro sentido, militarmente, são dominadas, como os pretos
do Zimbábue, por uma minoria branca. A negra da América
Latina, pertencente a uma das classes sociais mais pobres,
ou melhor, à classe social mais destituída, é também vítima
dela. Em outras palavras, sofre uma dupla opressão, por sua
cor e seu sexo:

- *negra*, ela também é superexplorada como sexo;
- em comparação com o homem preto da América Latina,
  ela é mal paga. Além disso, fora de sua comunidade, ela
  não tem relações com as outras classes sociais, que são
  constituídas essencialmente por pessoas brancas, a menos
  que se case com um homem branco ou se envolva com
  prostituição.

Sobre esse aspecto, a situação da mulher preta "integracio-
nista", "assimilacionista" da América Latina deve ser compa-
rada àquela descrita por negros como Frantz Fanon em *Pele
negra, máscaras brancas*.

Tendo em conta o contexto colonial ou neocolonial no qual
vivem as mulheres negro-africanas, até que ponto é possível
definir um movimento feminino que vise a um questionamento do status da mulher negro-africana em sua sociedade?
Questionar o status das mulheres é questionar as estruturas de
toda uma sociedade, sobretudo se ela for de natureza patriarcal. Ao problema das mulheres somam-se todos os problemas
sociais: o político, o cultural, o social, o econômico. Está tudo
aí. O problema da mulher se inscreve em um contexto geral.

Feminismo e revolução

A condição da mulher negro-africana lembra a de sua irmã afro-americana. Oprimida como mulher pelo homem (dominação patriarcal) e como força produtiva (dominação capitalista), a mulher negro-africana deve também enfrentar o domínio colonial ou neocolonial sobre seu país — nova opressão, a terceira que sofre.

Enquanto a mulher europeia se queixa de ser duplamente oprimida, a negra é triplamente oprimida. Opressão por seu gênero, por sua classe e por sua raça. Sexismo, racismo, existência de classes sociais (capitalismo, colonialismo ou neocolonialismo): três flagelos. O movimento das mulheres negro-africanas, para ter êxito, deve se impor como tarefa a contenção desses três flagelos da sociedade. Em outras palavras, a luta das mulheres negro-africanas não pode, de forma alguma, fazer parte de uma perspectiva que nega a especificidade dos problemas das mulheres e vê sua solução apenas na luta pela libertação do tipo argelino. Nunca será demais salientar: a Argélia fez sua luta de libertação nacional, da qual as argelinas participaram, mas elas não foram libertadas!

Quem pode garantir que uma guerra de libertação em um país negro-africano levará — de fato — à abolição das práticas de clitoridectomia e infibulação? As mulheres negro-africanas não podem mais e não devem mais deixar os homens decidirem e jogarem com suas vidas.

Um sistema de vida social nunca foi capaz de funcionar sem a participação efetiva, em um nível ou noutro, da mulher. Contamos com ela quando se trata de educar as crianças e manter uma casa com tudo o que isso implica em termos de tarefas imbecilizantes e ingratas, porque repetitivas. Quanto ao homem, a função que ele se propõe de garantir o pão de cada dia é bem mais vantajosa que a da mulher. O seu lugar no seio da sociedade é muito mais interessante. Permite que ele se abra para o mundo como um todo e desenvolva suas faculdades intelectuais e físicas por meio de uma variedade de experiências.

A imagem da mulher como objeto pode ser encontrada em todas as sociedades, em todos os níveis. Nas sociedades industrializadas, a/o imigrante tem ciência desse estado de coisas primeiro pela publicidade, pela observação da vida familiar (célula conjugal) e da vida pública.

De acordo com a lógica falocrática, tudo isso é natural, então nem sequer surge a questão de saber se tudo o que foi postulado como "feminino" é mesmo assim. O que poderia ser mais "normal" em uma sociedade onde o macho reina? Provenientes de países colonizados ou não, os falocratas se assemelham e exercem a mesma opressão sobre as mulheres.

Como pôr um fim a essa situação?

A necessidade de COMBATER está surgindo entre as mulheres. Lute contra um sistema que nega as mulheres em sua existência e sua verdade. Uma luta contra um sistema: o patriarcado, a falocracia. Tradicionalismo e revolução colidem, se encontram: repulsa, revolta, repressão. Eles se sobrepõem sucessivamente. Vitórias efêmeras e fracassos temporários se sucedem.

"Às vezes os trabalhadores triunfam, mas é um triunfo efêmero. O resultado verdadeiro de suas lutas não é tanto o sucesso imediato, mas a crescente união dos trabalhadores."[31] Lutar é combater com determinação e fé em uma vitória certa, como a promessa de uma felicidade próxima e

Feminismo e revolução

garantida, que você viverá ou que outros viverão. Portanto, lutar com a firme convicção de que haverá um resultado positivo — em nossa presença ou em nossa ausência. LUTAR.

OS POVOS COLONIZADOS OU NEOCOLONIZADOS vivem um dilema: para eles, trata-se de se revoltar contra um sistema que os explora ou de aceitar a submissão, a escravidão. Em ambos os casos, são os colonizados que mais "se ferram". Em primeiro lugar, no caso de uma situação colonial, os nativos sofrem a presença invasora e opressiva dos "colonizadores" — presença que constitui para eles uma agressão. São submetidos a uma exploração selvagem, acompanhada de uma tentativa de desumanização. A presença dos colonizadores altera a situação dos nativos: seus costumes são alterados, suas vidas desorientadas, suas estruturas sociais estilhaçadas. O nativo colonizado não tem o direito nem a possibilidade de se comportar como uma pessoa livre. Ele vive e age de acordo com a vontade do colonizador. Em outras palavras, é desumanizado por esse estado de coisas. Sua liberdade é alienada. É reduzido ao estado de instrumento. O colonizador vai utilizá-lo pelo tempo que quiser e, assim que não precisar mais dele — em outras palavras (no contexto colonial) assim que lhe for prejudicial — ele o suprimirá. Esse inconveniente é muitas vezes traduzido por uma tentativa de questionar o colonizador: a recusa de obedecer-lhe, o que desencadeia forças repressivas, abatendo o rebelde como um cão raivoso. Isso já aconteceu muitas vezes: basta recordar a Argélia, o Vietnã... E continua a acontecer no Zimbábue...

Durante o último trimestre de 1976, a televisão francesa nos ofereceu o espetáculo ignóbil de uma família branca da África do Sul que se divertia às custas das pessoas pretas. Enquanto o pai da família atirava na direção de homens pretos desarmados que carregavam fardos na cabeça, a mãe era tomada por um grotesco ataque de riso, assim como as crianças. Riram alto e continuaram até as lágrimas quando viram as vítimas desse jogo cruel fugindo o mais rápido que conseguiam. O simulacro de assassinato de pessoas pretas era a questão. Mas quem ri por último ri melhor. Depois ou em paralelo a essa atitude de resignação, uma segunda possibilidade é oferecida ao colonizado: a revolta. A luta armada, o confronto entre o senhor e o escravizado. Eis como o programa de TV em questão termina com o anúncio da morte desse colonizador sádico e assassino. Ele pisou em uma mina. Essa segunda possibilidade, a revolta dos colonizados ou neocolonizados, pode traduzir-se numa violência inaudita. Nesse sentido, a história é rica em testemunhos: em Dien Bien Phu, na Argélia e, mais recentemente, na Guiné-Bissau, no Vietnã e em Angola, entre outros exemplos notáveis.

O homem, inimigo da mulher?

Algumas mulheres tendem a equacionar o homem com a sociedade e, por consequência, fazem dele o principal inimigo. Não nos parece — ao menos no que diz respeito à África negra — que o inimigo seja o homem. É claro que, em qualquer sistema patriarcal, as instituições são estabelecidas pelos ho-

Feminismo e revolução

mens (o que poderia ser um argumento a favor das feministas "sexistas"), mas não deveríamos nos perguntar se os homens também não estão alienados? O próprio fato de propor um sistema de valores em desfavor da mulher não constituiria o indicador de sua alienação? A opressão que inflige às mulheres, a qual considera perfeitamente natural, é ditada pela "complementaridade" — como ele a entende. O homem da sociedade patriarcal é um alienado e, portanto, não é livre. Um gênero que oprime outro não é um gênero livre. Uma sociedade de não alienados seria antes uma sociedade igualitária; uma sociedade onde não haveria nem senhor nem escravo; nem dominador nem dominado; nem colonizador nem colonizado; nem chefe nem subordinado.

Essa sociedade não existe em lugar nenhum. Até o momento, houve apenas tentativas e iniciativas abortadas. Cabe a nós criá-la. Para isso, o sexismo deve ser excluído de nossa práxis, de qualquer práxis de mulheres em luta.

Prestar homenagem às nossas mães

Sobre os costumes, sobre a civilização e sobre a cultura, o que é possível dizer? Como podemos nos situar quanto a essas questões? Devemos garantir a sua perenidade? Ou devemos julgá-las decadentes e condená-las? Certamente, esses termos constituem em essência o modo pelo qual um povo, uma raça, se define. Toda a cultura evolui. O mesmo é verdade para qualquer civilização e, portanto, para os costumes. No bom e no mau sentido.

Assim como os europeus, as populações negro-africanas consideram seus costumes bárbaros? Em que consiste a sua manutenção? Como esses costumes se estabeleceram?

Existe uma relação entre os mitos e os costumes negro-africanos. Isso quer dizer que os costumes dependem dos mitos e vice-versa? Na África negra, é difícil encontrar respostas para essas perguntas, tendo em conta a escassez de documentos objetivos sobre esses assuntos. A maior parte das informações que encontramos foi estabelecida pelos colonizadores — na maioria das vezes — ansiosos pelo fichamento dos diferentes grupos étnicos com os quais haviam feito contato. Tratava-se de etnólogos, de antropólogos, de sociólogos ou de simples administradores civis coloniais, que não se preocupavam em relatar objetivamente os costumes africanos nem se davam ao trabalho de tentar entender seu verdadeiro significado nas sociedades nativas.

São raras as obras objetivas sobre a África negra escritas pelos brancos da época colonial. A lógica colonialista visava à desestruturação das sociedades negro-africanas tradicionais e à dissolução do ego negro. A civilização negro-africana foi, se não destruída, ao menos seriamente atingida pela colonização. É nesse sentido que, a esse respeito, Sartre dirá:

Foi dada ordem para reduzir os habitantes do território anexado ao nível de macaco superior, para justificar o tratamento dado a eles pelos colonizadores como animais de carga. A violência colonial não se dá apenas com o objetivo de manter esses homens escravizados, ela procura desumanizá-los. Nada será poupado para liquidar suas tradições, para substituir as línguas deles pelas

Feminismo e revolução

nossas, *para destruir suas culturas* sem lhes dar as nossas; vamos embrutecê-los pelo cansaço.[32]

No entanto, apesar dessas condições, houve sobrevivências, sobretudo nos planos ritual e cultural. Os crimes que os europeus cometeram contra a civilização negro-africana não foram absolutos. Em outras palavras, foram abortados. E isso graças à sobrevivência de certas práticas tipicamente africanas. Na verdade, essas sobrevivências foram, entre outras coisas, apenas o resultado de múltiplas resistências no plano dos costumes. É assim que, na África negra dos nossos dias, vemos ritos iniciáticos que têm sido praticados durante séculos sem grandes mudanças.

Por que isso acontece? Durante a era colonial, os negros africanos se viram efetivamente rendidos em quase todas as áreas. Mas foi sobretudo graças às mulheres que certos costumes foram mantidos. Prestemos homenagem a elas. Com efeito, por serem as educadoras de seus filhos e filhas, nossas mais velhas, nossas mães foram e ainda são, em nossos dias, levadas a transmitir e inculcar em seus filhos e filhas não só certas crenças e mitos, mas também um espírito de adesão aos costumes. Por sua resistência à destruição da civilização negro-africana, nossas mães se mostraram revolucionárias. Ainda assim, algumas pessoas descrevem essa atitude de autodefesa como conservadora. Elas sentiram o dever de conservar algo que lhes era precioso: seu patrimônio cultural. Elas tiveram consciência de um fato, de uma urgência; era preciso salvar algo, algo a partir do qual o negro africano se salvaria como tal: a civilização negro-africana. Elas se comprometeram a fazer isso. E conseguiram, mas por meio de práticas ancestrais. Embora não tenham sido fundamentalmente bem-sucedidas, no período de sua servidão, em questionar seu relacionamento com os homens, nós as homenageamos.

PRETA
A Preta não é apenas
COR
A Preta não é apenas
CARNE
A Preta não é apenas
MÃE
A Preta não é apenas
AMANTE
A Preta não é apenas
MUSA
A Preta não é apenas...
cantada como amante, carne-amante,
cantada como mãe, "mãe-protetora"
cantada como cor, "cor-afirmação"
as canções sobre a Preta
não dizem
quem a
Preta É.
Estas canções não dizem
seus infortúnios,
suas alegrias,
suas dores,
suas esperanças,
... sua VIDA
A Preta

Feminismo e revolução

"Isso VIVE"
A Preta,
Mulher, "isso" vive mulher
"Isso" vive isto
com combates
fracassos
vitórias
Mulher, Preta, Força Produtiva, Matriz,
Combatente.
"Isso" É
A Preta É.

Mulheres negro-africanas, mulheres do Terceiro Mundo, mulheres de países industrializados: o mesmo combate!

> A emancipação das mulheres deve andar de mãos dadas com o abandono, por parte dos homens, do pensamento feudal e burguês. Quanto às mulheres, seria errado esperar que as diretrizes do governo e do Partido lhes trouxessem liberdade; é melhor que elas confiem apenas em si mesmas e que lutem.
>
> Ho Chi Minh

Um denominador comum para as mulheres: violência falocrática. É essa violência que te faz acreditar que você não é nada sem o outro, aquele com a "cueca bem fornida", aquele que detém o falo. É essa violência que tenta, por qualquer meio, reduzir todas as pessoas a inferiores. É essa violência violenta (em sua expressão) que, em certos momentos, deixa você fora de si para te mergulhar de volta no seu verdadeiro ser: o ser nobre e digno que habita em você; aquele ser que, sangrando até a morte, se sente ferido cada vez que o macho se revela um autêntico falocrata em relação a você; esse ser que o homem procura alienar ou mesmo matar em você.

É essa violência misógina e insidiosa que, como um monstro, pode se apresentar sob várias formas. Sob falsas aparências, ela pode encantar você e te fazer dormir, e talvez um dia te acordar, te espancar ou quem sabe te assassinar em sua "cegueira do sono", em seu "encanto-cegueira". Está lá, essa violência. Esse é o destino cotidiano de todas as mulheres oprimidas, onde quer que estejam e não importa o que façam. Os analfabetos e os intelectuais também não são poupados. Não é uma violência metafísica. Ela é efetiva e concreta. Essa violência machista pode ser não apenas brutal, mas também sutil. Entretanto, ela continua sendo o que é: diferentemente da violência revolucionária, é uma violência escravagista. Uma violência que quer a dominação do outro: da mulher. Nesse sentido, ela pode ser considerada uma espécie de terrorismo.

Em todas essas formas, a violência não engendra o humano, mas antes a sua destruição. Ela tem por nome fascismo falocrático. Portanto, deve ser integralmente abolida em todas as sociedades e em todos os grupos sociais.

AFIRMAR QUE AS LUTAS das mulheres negras africanas, do Terceiro Mundo ou da Europa são idênticas periga criar dúvidas em algumas e em alguns. Em que consistiria essa identidade de combate? Na África negra, as condições materiais

Feminismo e revolução

e culturais não são as mesmas que em qualquer outro lugar. O nível de desenvolvimento industrial não é o mesmo que nos Estados europeus. Isso nos leva a considerar a condição específica das mulheres nos países do Terceiro Mundo, na África negra e nos países industrializados.

Mulheres europeias

Quais são os problemas das mulheres europeias? O nível de desenvolvimento alcançado por suas sociedades não significa que elas não se sintam oprimidas e exploradas em comparação direta com a situação dos homens. A opressão das mulheres europeias pelos homens é idêntica à dos trabalhadores? Ou há algo específico? Não existe uma medida comum entre a exploração e a opressão a que a classe trabalhadora está sujeita e aquela a que a mulher está sujeita.

Vamos explicar. A mulher trabalhadora sofre, da mesma forma que o homem, com o sistema opressor e explorador do capital, ainda mais porque o trabalho das mulheres é muitas vezes depreciado. E, como resultado, ela não está de forma alguma imune a tudo o que essa situação acarreta. Mas, independentemente disso, a mulher sofre em relação ao homem — seu marido, seu parceiro, seu irmão ou seu pai — uma outra forma de exploração que é resultado do seu assujeitamento ao sistema patriarcal.

As mulheres europeias casadas que não trabalham fora de casa não têm outra responsabilidade senão cuidar da casa, ter e criar filhos e cuidar bem dos seus maridos. Essa situação é nefasta em muitos aspectos, uma vez que não permite que elas floresçam. O trabalho de uma dona de casa não é de forma alguma gratificante. Dada a repetição de gestos que impõe diariamente, ele se revela desgastante e por isso mesmo frustrante.

Na Inglaterra

O feminismo militante começa com Mary Wollstonecraft. Com seu famoso livro *Reivindicação dos direitos da mulher*, publicado em 1792, de fato ela abriu o caminho para o feminismo britânico, o que lhe rendeu o título de pioneira.

Foi preciso esperar um século e meio após as mulheres norte-americanas terem conquistado o primeiro direito de voto para se verem as inglesas se agruparem em uma sociedade nacional para o sufrágio feminino, em 1868 (ou seja, dois anos depois que o filósofo John Stuart Mill pediu o direito de voto para as mulheres). As lutas das inglesas continuaram e viram um renascimento das atividades com Emmeline Pankhurst, que esteve na origem da Women Social and Political Union, em 1903. Esse movimento foi tão perturbador que a repressão chegou ao ponto de prender algumas de suas militantes, entre as quais a própria Emmeline Pankhurst, em 1903, Annie Kenney e Christabel Pankhurst, em 1905, e, em 1908, Flora Drummond e novamente Emmeline e Christabel. Foi só em 1918 que as mulheres inglesas obtiveram o direito de votar, e ainda assim sujeitas a uma restrição de idade. Era necessário ter mais de trinta anos no momento da votação. Desde então, o movimento feminista não parou de perseverar em suas reivindicações. Por isso se tornou tão amplo.

Feminismo e revolução

Na França

Aqui, as lutas das mulheres começaram muito mais tarde do que na América e na Inglaterra. Entretanto, em 1788 o filósofo Condorcet reivindicou para as mulheres o direito à educação e ao trabalho remunerado, bem como o acesso à política. O primeiro evento significativo foi o nascimento da Liga pelos Direitos das Mulheres, em 1882. Os movimentos femininos tiveram grande ampliação em 1934 e foram marcados pelo Congresso Internacional das Mulheres, em Paris, cujo objetivo era a luta contra o fascismo e a guerra, após as consequências desastrosas da Primeira Guerra Mundial. Foi só com o Front Populaire que notamos uma tímida aparição das mulheres na política. De fato, três delas foram nomeadas para o governo em 1936. Finalmente, em 1944, 26 anos depois das inglesas, as mulheres francesas obtiveram o direito de votar. Desde essa data até os dias atuais, elas continuaram a combater por seus direitos, pela igualdade de gênero, que se traduziria em equiparação salarial para homens e mulheres pelo mesmo trabalho, abolição do sexismo e controle total da maternidade.

Na França, em simetria com a Women's Lib dos Estados Unidos, existe o Mouvement de Libération des Femmes, movimento de libertação das mulheres. Não se trata de um partido estruturado nem de um movimento homogêneo, sendo simplesmente o trabalho de mulheres que sentiram a necessidade de se agrupar para provocar a mudança em seu status. Existem várias tendências no MLF: trotskistas, de psicanálise e política, o círculo Dimitriev, leninistas revolucionárias, lésbicas etc.

Recentemente, a vitória mais expressiva alcançada pelo movimento feminista Choisir, liderado pela advogada Gisèle Halimi, foi garantir uma votação sobre o direito ao aborto, após um julgamento de grande repercussão, o processo de Bobigny.

A luta travada hoje é, entre outras coisas, contra o estupro e a forma como este ainda é julgado na França.

Nos Estados Unidos

Em Massachusetts, a partir de 1691 as mulheres tiveram a possibilidade de votar, mas esse direito lhes foi retirado em 1780. No entanto, elas continuaram a lutar e a reivindicá-lo. Foi assim que em 1840 a Equal Rights Association reivindicou a igualdade de direitos para as mulheres e para os negros da América. A luta dessas mulheres foi pontuada por greves, incluindo a famosa greve das operárias têxteis que exigiam salários iguais para homens e mulheres e uma jornada de trabalho reduzida a dez horas. Isso aconteceu em 8 de março de 1857. O Dia da Mulher é comemorado todos os anos nessa data.

Doze anos depois, as mulheres se reagruparam na National Woman Suffrage Association, que em 1890 fundiu-se com um braço feminista conservador, a American Women Suffrage Association, para dar origem à nawsa. O movimento feminista teve um rico legado na criação de grupos e associações de mulheres, dos quais Shulamith Firestone, depois de Simone de Beauvoir, fez uma análise notável.

Por meio dessas várias lutas, as mulheres norte-americanas conseguiram arrancar o direito de voto em 1920, mas muito

Feminismo e revolução

rapidamente se desencantaram. A obtenção desse direito não lhes dava quase nada. Isso desencadeou o surgimento de três tendências no feminismo: conservadora; política (as "apaixonadas pela política"); e radical (uma nova tendência dominante hoje em dia).

Na África negra

As mulheres africanas não ficam para trás. As negro-africanas, "feministas" ou não, participaram das diversas lutas travadas em seu território, provando assim que não eram insensíveis aos problemas enfrentados por seu país e sua sociedade. Assim, é possível constatar atualmente a afluência de mulheres nos movimentos de libertação de seus países. Mesmo que não estivessem na origem dessas lutas (embora isso ainda não tenha sido provado), sempre que era necessário lutar para libertar seu povo do jugo colonial ou neocolonial, elas rapidamente se juntavam aos homens. É então e só nesse momento que se pode notar uma espécie de igualdade entre homens e mulheres. Ambos estão lutando — concretamente — com a arma na mão por um ideal comum: a liberdade. A libertação de seu país. No campo de batalha, as mulheres correm os mesmos riscos que os homens. Maquis ou não, são um alvo tão importante para os colonizadores quanto os homens. Tal situação os coloca em pé de igualdade. A mãe combate com o pai. A menina com o menino. Os homens reconhecem a fortiori o status de iguais às mulheres. Não se trata mais de perguntar se ela é fraca demais ou se não é inteligente o bastante para saber como puxar o gatilho de uma arma quando necessário, lançar uma granada quando necessário ou esconder algo onde for necessário... A técnica de guerrilha é tão aceitável para as mulheres quanto para os homens. Da mesma forma, as tarefas no campo de batalha são compartilhadas indiscriminadamente por pessoas de ambos os sexos.

Mas qual é de fato a situação uma vez a guerra terminada, a vitória no bolso? Essa é uma pergunta que é lógica, se não legítima, de se fazer tendo em vista as consequências das guerras de libertação pelas quais o mundo passou nos últimos tempos. Uma vez terminada a contenda, "as coisas voltam ao seu devido lugar". Em outras palavras, os homens retomam suas antigas ocupações e as mulheres voltam para as delas. Não conseguiram se livrar de certas contradições ou mesmo superá-las — contradições inerentes ao seu status na sociedade patriarcal em que vivem. Permanecem presas a certos costumes nada estratégicos (tatuagens, véus etc.). Isso não é razão para afirmar que, por sua atual manutenção na sociedade, esses costumes constituem para nós, mulheres não europeias, meios de resistência diante da hegemonia cada vez maior do neocolonialismo ou do imperialismo.

O exemplo da Guiné

Logo após sua independência, a Guiné optou pelo socialismo. Isso se seguiu ao "não" que ela disse a De Gaulle em 1958, num momento em que outros Estados africanos, por medo de um futuro incerto, responderam afirmativamente. Essa escolha teria consequências importantes para as massas gui-

Feminismo e revolução

neenses, impondo-lhes esforços titânicos. Mas e quanto às mulheres guineenses?

É perceptível na vida real, por exemplo através da entrevista coletiva com guineenses, que neste momento a Guiné é um Estado em mutação, embora permaneça fortemente marcada por seu passado cultural. Os valores ancestrais ainda existem. E, em certos lugares e ambientes, predominam. No entanto, é preciso salientar que a Guiné é um dos países que incluem na sua política a integração efetiva da mulher. Em outras palavras, é um dos primeiros Estados a promover uma política de integração e emancipação da população feminina. Quando foi necessário lutar contra as forças reacionárias que queriam manter o país sob o domínio colonial, as mulheres guineenses armadas estavam de pé. Elas combateram o inimigo. Esse foi o caso da corajosa M'Balia Camara, morta em 9 de fevereiro de 1955, estripada grávida por uma marionete dos colonizadores da época, o sr. David Sylla. A data de sua morte foi decretada Dia Nacional das Mulheres Guineenses.

A Guiné é também um dos Estados africanos com a maior taxa de participação feminina no governo. Podemos assim notar que, enquanto a Argélia, com uma população de 15 772 000 habitantes, contava em 1977 apenas com oito mulheres entre 261 deputados, a Guiné, com uma população de 4 208 000 habitantes, tinha 22 mulheres entre seus 66 parlamentares em 1975. Da mesma forma, a ministra dos Assuntos Sociais (a sra. Mafory Bangoura) também é a chefe das mulheres do PDG, o Partido Democrático da Guiné, nunca tendo frequentado uma escola francesa. É também interessante salientar que a representação da Guiné nas Nações Unidas é assegurada por uma mulher, e facilmente encontramos mulheres em todos os setores da atividade pública: são engenheiras, farmacêuticas, professoras, governadoras regionais, chefes de gabinetes ministeriais, diretoras de empresas... Há uma preocupação e um esforço em relação às mulheres — mas isso não é tudo.

Sentimos um profundo desejo de mudança entre o povo guineense. É talvez nesse sentido que devemos entender (não procurar justificar ou desculpar) todas as consequências inerentes a esse desejo. Uma mudança, se não for obra de reformas de longo prazo, é necessariamente abrupta e brutal; é uma mudança por meio da revolução. E é talvez nessa perspectiva que se deve situar o trabalho do atual regime guineense, com tudo o que comporta de grandezas e fraquezas.

Muito se tem falado sobre conspirações e assassinatos "fabricados" na Guiné. Alguns afirmam que é um regime ditatorial. Não tendo os meios para julgar objetivamente, nosso propósito não é fazer o processo jurídico da política guineense. Mesmo assim, podemos reconhecer que a situação das mulheres é muito melhor ali do que em outros Estados africanos. Por que isso acontece?

Na Guiné, o regime do sr. Ahmed Sékou Touré se empenha primeiro em proporcionar às massas populares uma consciência, uma educação adaptada às estruturas sociais e às suas necessidades, antes de se preocupar com outros problemas. O presidente da Guiné é, sem dúvida, um daqueles que dizem que "quem forma a juventude é senhor do porvir".

Além disso, depois de dizer não à colonização e a todas as formas de imperialismo, a Guiné se viu pouco a pouco isolada dos países industrializados, antes de restabelecer relações com eles recentemente. A Guiné é progressista? Ela parece ter como adágio "Antes dignidade na pobreza que escravidão na opulên-

Feminismo e revolução

cia". Não seria uma visão demasiado limitada deter-se na observação dos aspectos positivos do Estado guineense? Esse Estado, que se afirma progressista, não é, de certa forma, arcaico? Se estamos nos fazendo esta pergunta é pensando essencialmente nas práticas de excisão executadas em nossas irmãs guineenses. Cerca de 85% das mulheres da Guiné são excisadas. A esse respeito, citamos o texto de Pierre Hanry dedicado à excisão:

> [...] 84% das meninas são excisadas e apenas 8% dizem que não são. Muito baixas são as porcentagens daquelas que protestam contra o próprio destino: apenas 12% lamentam a excisão e 35% declaram não ter intenção de excisar suas filhas. Essa última porcentagem, mais alta do que a anterior, certamente traduz um protesto, mas deve ser comparada às 44% que terão suas filhas excisadas e às 21% que, sem opinião formada no momento, provavelmente cederão às solicitações da tradição quando chegar a hora.[33]

Será essa uma forma de dizer que as diferentes considerações e análises políticas abstraíram voluntariamente os problemas das mulheres nesse nível? Ou seria uma ignorância sobre as questões femininas? Uma análise histórica objetiva dessas práticas deveria revelá-las como um ataque à condição das mulheres, e não camuflá-las ou avalizá-las sob o pretexto de que fazem parte do passado cultural tradicional e que esse é sagrado. A poligamia é um dos males sofridos pelas mulheres guineenses, embora a Guiné seja um país avançado nessa área. Na verdade, desde 1968 a luta contra a poligamia é empreendida lá. Sékou Touré declarou, em 16 de fevereiro de 1974: "É necessário criar ódio à poligamia nos jovens que surgem".

CONCLUSÃO

O que propor às mulheres pretas

PARA NOSSO GRANDE ALENTO, a luta das mulheres pretas não começou hoje. Elas lutaram no passado, com os meios que se ofereciam a elas. É o caso de nossas antepassadas deportadas que, por se recusarem a entregar os filhos à escravidão, os matavam enfiando um alfinete ou espinho em seus crânios. Elas deveriam ser condenadas?

Isso acontecia nas Antilhas, numa época em que a contracepção era uma coisa desconhecida e a escravidão, um calvário. Elas poderiam ter se suicidado, poderíamos dizer, em vez de matar os filhos. Mas para elas tratava-se de uma questão de luta: lutar contra a escravidão significava tirar o maior número de vítimas dos senhores brancos.

Ao contrário do que alguns podem ter pensado, elas não eram de forma alguma desprovidas de afeto por suas crianças. Talvez porque as amavam demais, queriam poupá-las dos sofrimentos que tinham suportado. Uma prática revolucionária? Uma prática bárbara? Nosso propósito não é julgar essa prática, mas tentar compreender seu significado; ela se inscreve numa problemática revolucionária.

Mas o que podemos propor às mulheres pretas hoje em dia?

Uma sociedade à imagem da sociedade europeia em pleno estado de desintegração? A África deve adotar esse modelo? Se há algo a fazer para salvar um Estado que acaba de sair das garras dos colonizadores ou que ainda aí permanece, certamente não é imitar uma sociedade onde a família está fragmentada, onde reina o individualismo. Estamos cientes da importância da família na África negra — a família no sentido mais amplo, incluindo os avós, os pais, os parentes próximos e as crianças. Queremos viver uma vida verdadeira, decente, completa e gratificante; e isso em comunidade. A luta das mulheres negras africanas decerto pode ser concebida de outra forma que não através de um decalque puro e simples das lutas das europeias. Em primeiro lugar, seu padrão de vida não é o mesmo. A Europa é industrializada, enquanto a África negra não é. As estruturas familiares e sociais são muito diferentes. Não há equivalência, portanto não há possibilidade de sobreposição e de assimilação.

Mas ATENÇÃO! Como mulheres, nós nos sentimos solidárias com essa jovem italiana de dezesseis anos que foi estuprada pelo irmão e quer fazer um aborto mas os médicos se recusam a ajudá-la; com todas as Angelas Davis e Evas Forest encarceradas onde quer que estejam; com as vietnamitas que lutaram bravamente para garantir a vitória sobre os "tigres de papel" americanos; com as mulheres negro-africanas engajadas na luta de libertação do Zimbábue...

Por muito tempo, as pessoas negras foram consideradas macacos, desprovidas de espírito de iniciativa (pois esse espírito foi mutilado pela colonização) ou incapazes de adotar uma posição original que lhes fosse específica. Quando uma preta demonstra concretamente sua solidariedade para com mulheres de outras raças, não se trata — ao contrário do que alguns negros tradicionalistas pensam e sustentam — de uma questão de mimetismo prático, mas de uma profunda

Conclusão 213

convicção. Sobre esse ponto, qualquer alusão a um fenômeno de imitação traduziria apenas uma falha em compreender a dimensão política objetiva da condição feminina, ou uma vontade sistemática de dividir as mulheres. A solidariedade entre as mulheres deve ser entendida, independentemente de quaisquer considerações raciais ou de classe, no sentido de que negras, amarelas, brancas, sejam elas burguesas, trabalhadoras ou não, proletárias ou lumpemproletárias, todas as mulheres são exploradas pelo sistema patriarcal.

Ao afirmar sua solidariedade às outras mulheres em luta, é uma sororidade que se coloca por parte da mulher preta. Do mesmo modo que Aimé Césaire dizia "Não há no mundo um pobre coitado linchado, um pobre homem torturado, em quem eu não seja assassinado e humilhado",[34] diríamos que não há no mundo um elemento feminino excisado, infibulado, mutilado, espancado, caluniado no qual não tenhamos sido feridas e humilhadas.

Ao fazer isso, estamos agindo como irmãs de todas aquelas que são oprimidas por serem mulheres. Sororidade aceita ou não, ela está lá. Ofertada. Aquelas a quem essa oferta é dirigida farão dela o que quiserem. Longe de nós o medo, o complexo de inferioridade de que trata Aimé Césaire em seu *Discurso sobre o colonialismo*: "Estou falando de milhões de homens em que foram habilmente inculcados o medo, o complexo de inferioridade, o estremecimento, o servilismo, o desespero, a servidão".[35]

ASSUMIR-SE. Nós nos assumimos. Não importa o que pensa sobre isso o Outro, o branco. A preta não tem que se definir em relação ao Outro (à branca), assim como o preto não tem que se definir em relação ao homem branco. Isso está começando a ser compreendido. E a primeira constatação disso é que no meio urbano negro-africano há um início de consciência da existência preta que se traduz num pensamento e numa prática de ruptura com a ideologia colonial ou neocolonial. Daí o início de um retorno às nossas raízes, com a promoção de certos costumes e o uso de roupas e penteados tipicamente africanos, ao passo que, desde a colonização, houve um fenômeno crescente de alienação, até 1968, que incentivava a mulher preta a se identificar com a mulher branca. Isso se traduzia no alisamento permanente dos cabelos crespos ou no uso de perucas com cabelos escorridos sobre uma pele de ébano, e isso em 365 dos 365 dias do ano.

Os cânones da beleza negra não são de forma alguma idênticos aos de outras raças, e esse é um dos elementos constituintes da especificidade preta. Quando o ideal de beleza é definido pelo homem preto como uma beleza estranha à sua sociedade, a preta cai em uma armadilha, se afunda no erro ao jogar o jogo que o homem preto quer impor a ela. Ela trai e nega a si mesma e, além disso, trai sua civilização e sua raça.

Quando sabemos que um homem negro acusado de manter relações sexuais com uma mulher branca era passível de castração, enquanto um homem branco que estuprava uma negra não sofria nenhuma punição, nenhuma reprovação, sentimos que as negras têm o dever de se revoltar e, mais do que isso, de combater resolutamente um sistema que tolera tamanha injustiça.

A partir daí, compreende-se facilmente a dificuldade das relações verdadeiras entre pessoas negras e brancas, evocada por Simone de Beauvoir, falando da "solidariedade" das mulheres: "Burguesas, elas são solidárias com a burguesia e não

Conclusão 215

com as mulheres proletárias; as mulheres brancas são solidárias com os homens brancos e não com as mulheres negras".[36]

Isso recobre a tendência geral. Certamente, hoje em dia existe uma solidariedade efetiva entre mulheres negras e mulheres brancas. São uma minoria: as feministas. E, mais uma vez, não se trata de mulheres "em luta" que imaginam estar se solidarizando com outras ao demonstrarem o desejo de subordiná-las: essas, com tal atitude, estão longe de trabalhar pela libertação das mulheres.

No passado, nossos ancestrais pretos foram deportados para cultivar as várias plantações dos brancos, na América e nas Antilhas. Eles viviam em servidão. Aqueles que tiveram a "sorte" de ficar em casa também foram submetidos à servidão. Hoje em dia, ela ainda existe, embora sob uma forma muito mais sutil. É o caso do ser branco (macho ou fêmea) que usa você (Preto ou Preta) apenas para satisfazer sua curiosidade, se beneficiar de seus serviços, mas depois disso não te conhece mais. Acabou! Sem mais contato.

É o mesmo tipo de relacionamento que os ancestrais colonizadores tiveram com os seus, colonizados ou escravizados. Essa situação precisa ser superada; ela não é mais tolerável. A preta e o preto não precisam mais aceitar desempenhar esse papel de fantoche. Toda preta, todo preto deve extirpar de si o(a) zumbi que dorme em seu interior, por mais doloroso que possa ser tal processo.

O fato de as mulheres permanecerem em silêncio sobre os flagelos que as afligem pode parecer desconcertante ou suspeito. Desconcertante na medida em que denotaria a ausência de tomada de consciência dos males de que sofrem. Suspeito no sentido de que, longe de não terem tomado consciência da necessidade de reagir e agir diante das opressões que vivenciam, elas se conformam com isso, ou pelo menos dão essa impressão, e provavelmente porque lhes convém. No entanto, em ambos os casos, a solução para o problema das mulheres não está perto de ser encontrada.

O que fazer então?

Os agrupamentos de mulheres que se distanciam das práticas dos partidos mistos, onde o fascismo inerente às suas estruturas e a ideologia falocrática dominam, são indispensáveis no momento atual — sempre tendo em mente que a libertação das massas oprimidas, para ser efetiva, pressupõe uma luta travada com e contra as mulheres, e com e contra os homens. A solução do problema das mulheres será coletiva e internacional. A mudança de status será feita a esse preço, ou não será. Que se queira mesmo analisar a história da condição feminina. Percorrida ou ilustrada por lutas, ela não parou de evoluir, mas a um ritmo tal que vemos que as mulheres que lutam pela sua libertação e correlativamente pela das suas sociedades empreendem uma luta de longo fôlego. Em outras palavras, diríamos que não é uma corrida de velocidade, mas uma corrida de longa distância. Que as mulheres se armem adequadamente para levá-la adiante.

Paris, 5 de julho de 1977

Anexo: Prefácio à edição original (1978)

NÃO É COMO ESCRITORA que eu gostaria de dizer algumas palavras sobre o livro de Awa Thiam. Muito menos em nome do que chamamos de valores da nossa civilização ocidental. Tampouco como feminista. É simplesmente como mulher.

Porque já não é necessário ser feminista para constatar a universalidade da opressão que as mulheres sofrem ou sofreram, sob as mais diversas formas, das mais sutis às mais cruéis, sendo as mais visíveis nem sempre as mais graves. O genocídio, entre os séculos XIV e XVII na Europa, de milhões de bruxas cujo poder paralelo ameaçava o dos homens e da Igreja; a mutilação dos pés das mulheres chinesas para impedi-las de correr, em sentido literal e figurado, uma tradição que se prolongou por quase mil anos, até a chegada de Mao Tsé-Tung; a privação de todos os direitos e de toda educação ou o confinamento de inúmeras mulheres desde o dia em que atingiam a puberdade até o dia em que chegavam à menopausa, nos países do Oriente Médio: esses exemplos bem conhecidos são apenas as formas mais espetaculares de dominação exercidas sobre os corpos e as mentes.

Em muitos países, houve homens que denunciaram métodos repressivos e abusos de poder. Mas, curiosamente, quando esses são exercidos sobre as mulheres, cidadãs de segunda classe, um pudico véu é colocado sobre a realidade.

É como se a injustiça que elas sofrem não tivesse a ver com a opressão em geral, mas com a maneira como cada povo põe suas mulheres "em seu lugar" na sociedade. Mas a justiça nunca desce do céu. Os privilegiados, os poderosos, seja por fortuna, por nascimento, pela cor da pele ou sexo, jamais compartilharam espontaneamente seus privilégios, em lugar nenhum. Toda liberdade, todo direito teve que ser arrancado. Em muitos países, as mulheres ainda não começaram essa luta. Porque para conquistar a sua independência é preciso antes ter percebido a sua dependência. E essa é, sem dúvida, a etapa mais difícil.

Os testemunhos que você está prestes a ler não constituem um manifesto, não expressam uma revolta ou mesmo uma reivindicação. São simples confidências que Awa Thiam soube recolher preservando-lhes a ingenuidade, a falta de jeito às vezes, e cujo patético vem justamente dessa resignação a um destino que é considerado uma fatalidade da condição feminina. A autora não procurou nos fornecer uma informação científica ou estatística. Outras pessoas já o haviam feito. Ela nos traz algo mais raro e que nos faltava: a própria vida, não como é vista pelo seu observador, mas como é vivida pela mulher em questão.

As "pretas" que aqui se expressam não estão conscientes da injustiça e ainda não descobriram a solidariedade e a esperança. Cada uma fala por si, isolada em sua célula familiar, sem informações sobre o resto do mundo. Aos olhos delas, o que vivenciam é a condição feminina normal. Mas o fato de estarem tomando a palavra, quando por tantos séculos foram excluídas de qualquer poder de decisão, reduzidas às suas funções reprodutivas e forçadas a realizar trabalhos domésticos

Anexo 219

e agrícolas, já é um sinal de crescente tomada de consciência. Ela será aprofundada e ampliada. Mas era importante que alguém, uma mulher, decidisse suspender a proibição.

Essas mulheres malinesas, senegalesas e guineenses relatam suas infâncias submetidas à autoridade do pai, do irmão ou do marabu, e depois suas vidas submetidas à autoridade do marido. Elas nos contam como é viver em poligamia, o que significa amar quando se compartilha um homem com duas, três ou vinte coesposas. Algumas delas até concordaram em falar pela primeira vez sobre o assunto tabu da excisão e nos contar como se sentem em relação a essa mutilação, que é apresentada a elas como essencial para "aperfeiçoar sua feminilidade por meio da remoção de um resquício inútil do falo", permitindo que se tornem esposas mais dóceis e mães mais fecundas.

Pela primeira vez, mulheres negras que não fazem parte de nenhum organismo oficial e não estão sujeitas a nenhuma posição de comando nos descrevem a realidade da sua existência vista de baixo, no dia a dia. É o grande mérito deste livro: ele finalmente dá a palavra às silenciosas da história.

Elas falam, mas não acusam. Porque, nesses países onde a tradição religiosa e familiar é implacável, se revoltar equivaleria ao suicídio social. Recusar a excisão ou a infibulação, admitindo-se que isso seja possível na idade em que essas operações são praticadas, seria aceitar ser banida da sociedade, seria renunciar ao casamento e à consideração de seus familiares e daqueles de seu convívio. Como um sudanês escreveu: "Mulheres inteiras e cheias de buracos não encontram compradores entre nós".

Então, como agir? Bem, através da informação, precisamente. Mas é das próprias mulheres que ela deve vir. Cabe a elas quebrar essa maldição do silêncio. Pois os etnólogos e os jornalistas sempre se mostraram extremamente discretos sobre essa mutilação, que eles se contentaram em qualificar com o nome tranquilizador de "cerimônia de iniciação" ou de "costume pitoresco". Sob o pretexto de que essas torturas são infligidas apenas a meninas que são incapazes de protestar, eles nunca expressaram indignação com uma prática que não apenas viola a integridade e a natureza biológica de um ser humano, mas que também, ao contrário da circuncisão masculina, apresenta sérios riscos à saúde e consequências irreversíveis para o desenvolvimento da pessoa.

Muita atenção tem sido dada às almas do Terceiro Mundo... Os médicos têm lutado contra a mortalidade infantil ou as doenças endêmicas. Os industriais cuidaram das matérias-primas, da maneira que conhecemos e sem muitos escrúpulos... Foi somente quando se tratou de tomar uma posição a respeito da mutilação genital que esses escrúpulos surgiram, em nome de um súbito respeito pelas tradições locais! E é assim que, graças à falta de informação por parte de alguns, ao silêncio prudente de outros, se mantém um ritual que já não tem sequer uma base religiosa.

Várias organizações humanitárias tentaram sensibilizar a opinião pública. Em 1972, uma mulher americana fundou a WIN, Woman's International Network, para realizar algumas pesquisas e estudar a distribuição geográfica da excisão e da infibulação, também conhecida como circuncisão faraônica. Essa pesquisa demonstrou que elas são praticadas em MILHÕES de meninas e adolescentes em 26 países da África. Relatórios médicos e petições foram enviados à ONU, à seção de Direitos Humanos e à Organização Mundial da Saúde. Sem sucesso.

Anexo 221

Em 1975, aproveitando o Ano da Mulher, a associação Terre des Hommes, com sede em Lausanne, também tentou fazer com que a oms assumisse suas responsabilidades, principalmente por meio de conferências de imprensa e projeções. Porém, mais uma vez, a resposta recebida foi a de que "as operações rituais são o resultado de concepções sociais e culturais, cujo estudo não se enquadra na competência da oms".

Alguns especialistas em medicina tropical (cf. dr. Verzin), ginecologistas africanos ou europeus e parteiras negras publicaram estudos sobre as consequências médicas dessas mutilações, particularmente durante o parto, mas elas permaneceram confidenciais. A maioria dos médicos fingia ignorar o problema "por uma questão de delicadeza". Esse é um pretexto que tem sido usado com frequência quando se refere ao tratamento de mulheres. Em todo o mundo cristão, desde o fim da Antiguidade até meados do século xvi (com Ambroise Paré), foi proibido aos médicos tratar uma mulher em parto "para poupar seu pudor", e a obstetrícia foi excluída dos manuais de medicina "por respeito aos bons costumes". Ainda hoje, a maioria daqueles que estão conscientes das trágicas consequências dessas práticas preferem prudentemente renunciar a qualquer forma de luta. Veja esta resposta que reflete exatamente a posição tradicional; ela foi enviada por um médico francês na África para Edmond Kaiser, fundador da Terre des Hommes:

Tenho a honra de acusar a recepção da sua carta, na qual me pede que lhe envie todas as informações de que eu disponha sobre a prática da remoção do clitóris de meninas, jovens ou mulheres, particularmente na África. Infelizmente, essa é uma questão que não procurei estudar em detalhes, apenas porque o assunto é bastante delicado e é difícil, ainda mais para um homem, obter informações precisas sobre ele.

Todo mundo sabe que a excisão de meninas é um costume geral entre os muçulmanos, incluindo os árabes. Entre os povos da África Oriental, e em particular entre os afares e somalis, além da remoção do clitóris há uma mutilação mais extensa dos órgãos sexuais femininos. Isso é, como já se sabe, o que é chamado de infibulação. Não tenho conhecimento de nenhum trabalho abrangente sobre as mutilações no mundo em geral. Sabemos pelos autores antigos (Estrabão etc.) que esse tipo de operação já estava em voga aqui há muito tempo. Talvez o que hoje testemunhamos seja uma simples sobrevivência daquilo que outrora notaram os antigos, o que comprovaria o grau de persistência de que tais erros são capazes.

Na prática necessariamente empírica das matronas, há variações mais ou menos severas dessa operação cruel... Entre os afares, as matronas retiram em geral tudo o que elas podem — clitóris, hímen, tiras de carne dos grandes e pequenos lábios — e reconstituem uma passagem única e estreita, suturando-a com espinhos, de modo que os rapazes mais jovens nem sempre conseguem rompê-la. Ao contrário dos somalis, que reconstroem uma passagem que pode ser aberta com uma adaga no início da noite de núpcias, essa "defloração artificial" não é permitida entre eles. Se, após vários dias de esforços vãos e dolorosos, a fortaleza resistir, o casamento é anulado e o pretendente é por vezes injustamente desacreditado.

O número de meninas que morrem em consequência da excessiva consciência profissional de uma matrona é aparentemente bastante elevado, embora não existam estatísticas disponíveis.

Anexo 223

Durante uma viagem à Etiópia, tive a oportunidade de conhecer um caso desse tipo. Eu tinha acabado de passar por um grupo de cabanas afares quando uma mulher me pediu para cuidar de duas meninas doentes. Eu a segui até uma cabana e vi duas meninas com cerca de oito anos de idade deitadas nuas em duas esteiras contíguas, com as partes baixas cobertas por um pano. Depois de ter retirado esse pano, apercebi-me de que doença se tratava. A matrona que as tinha operado tinha cortado tanta carne que a ferida não tinha podido "cicatrizar", e entre as pernas, que estavam pouco afastadas, havia uma abertura de oito a dez centímetros de comprimento, cujas bordas, afastadas cerca de dois centímetros no meio, delimitavam uma cavidade no fundo da qual se via o útero. Tudo estava inchado e cercado de abscessos.

Tentei fazer um curativo nas meninas, mas não conseguia tocá-las sem que elas gritassem. Tendo mais ou menos limpado o "campo operacional", polvilhei os abscessos com pó de sulfamida e deixei um suprimento desse produto. Eu não podia fazer mais nada nem retirá-las de lá no estado em que estavam por centenas de quilômetros de terreno desprovido de qualquer estrada. Elas devem ter morrido logo depois.

Quando se conversa com os habitantes locais sobre a natureza bárbara e perigosa dessa prática, eles não conseguem pensar em outra explicação a não ser a de que se trata de um costume. Às vezes, acrescentam que pode ter havido um desejo de defender as meninas contra a tentação. Quanto às mulheres, fatalistas, elas não ousam reclamar…

Acredito que os europeus, onde tiveram poder na África, poderiam ter mudado lentamente essa mentalidade. Talvez eles tenham visto apenas o lado estranho da coisa, ou não tenham tido tempo para fazer melhor…

De qualquer forma, não teria sido possível impor um novo comportamento aos povos colonizados por meios autoritários. Onde quer que isso tenha sido timidamente tentado — por missionários na Abissínia, pelos ingleses no Quênia —, o experimento terminou em fracasso. Apenas um país, o Sudão, tomou oficialmente uma posição e declarou a excisão e a infibulação ilegais. Para garantir que esse decreto não fosse letra morta, foi preciso realizar uma paciente campanha de informação em cada vilarejo, usando equipes de parteiras e assistentes sociais especialmente formadas. É um trabalho de longo prazo, porque se esbarra com os hábitos ancestrais e as estruturas familiares que, em todos os países, sempre se opuseram a tudo o que poderia questioná-los.

Para denunciar uma situação tão antiga que parece eterna, será preciso coragem e obstinação. Awa Thiam se deparará com a incompreensão, o preconceito e o ódio, como todas aquelas pessoas que estão certas cedo demais. Ela precisará da solidariedade de todas as mulheres. Das mulheres africanas, mas também de todas aquelas mulheres que lutam. A "última colônia do mundo moderno" só obterá respeito por seus direitos se as mulheres se descobrirem solidárias. Solidárias com as milhões de mulheres em todo o mundo que são excisadas, costuradas, veladas, repudiadas, sequestradas, prostituídas ou vendidas. E conscientes do fato de que cada mulher explorada, mutilada ou subjugada, mesmo a 10 mil quilômetros da sua casa, subjuga e mutila todas as outras.

É possível evoluir sem perder a alma. Aqui, como em outros lugares, não é mais possível que uma sociedade continue a sufocar as aspirações de metade dos seus membros. Para rétomar uma bela fórmula da etnóloga Germaine Tillion:

Anexo 225

"Não existe em lugar algum um infortúnio estanque que seja exclusivamente feminino, nem uma degradação que machuque as filhas sem respingar nos pais, ou nas mães sem atingir os filhos".

O livro de Awa Thiam testemunha esse infortúnio feminino. É uma recusa, ainda tímida e muitas vezes confusa. Mas é também um apelo, que devemos ouvir.

BENOÎTE GROULT

BENOÎTE GROULT (1920-2016) foi uma escritora, jornalista e feminista francesa amplamente reconhecida por sua defesa dos direitos das mulheres e por abordar, em suas obras, temas como igualdade de gênero, sexualidade e liberdade feminina.

Notas

Todas as notas foram criadas para a presente edição.

1. Ver pp. 217-25 deste volume.
2. Pierre Hanry, *Érotisme africain*, p. 74. (N. T.)
3. Ibid., p. 75. (N. T.)
4. Jacques Lantier, *La Cité magique*, pp. 21-2. (N. T.)
5. Anne de Villeneuve, "Étude sur une coutume Somalie: Les femmes cousues".
6. Alusão ao artigo "Étude sur une coutume Somalie: Les femmes cousues", em que Villeneuve analisa práticas como a excisão e a infibulação em mulheres somalis, abordando suas consequências físicas e psicológicas, bem como os contextos socioculturais que as sustentam. (N. T.)
7. Abdelwahab Boudhiba, *La sexualité en Islam*.
8. Benoîte Groult, *Ainsi soit-elle*, p. 98.
9. Ibid., pp. 96-7.
10. Anne de Villeneuve, "Étude sur une coutume Somalie: Les femmes cousues", p. 32.
11. Ibid., p. 30.
12. Benoîte Groult, *Ainsi soit-elle*, pp. 100-1.
13. Paul Désalmand, *L'Émancipation de la femme en Afrique noire et dans le monde*, p. 80.
14. Mamadou Madeira Keita, "Aperçu sommaire sur les raisons de la polygamie chez les Malinké". *Études Guinéennes*, n. 4, 1950.
15. G. W. F. Hegel, *La Raison dans l'histoire*, p. 247.
16. Ibid., pp. 244-5.
17. Ibid., p. 245.
18. Jean-Jacques Rousseau, *Essai sur l'origine des langues*. In: *Œuvres complètes de J.-J. Rousseau*, v. 6, Paris, 1793, p. 242.
19. Fodé Diawara, *Le Manifeste de l'homme primitif*, p. 28.
20. Ibid., p. 34.

21. Ibid., p. 43.

22. Ibid., p. 41.

23. Ibid., p. 67.

24. Herbert Marcuse, *Contre-révolution et révolte*, pp. 163-4.

25. Fodé Diawara, *Le Manifeste de l'homme primitif*, p. 77.

26. Ibid.

27. Jacques Marcireau, *Histoire des rites sexuels*, p. 312.

28. Verso de Aimé Césaire, *Les Armes miraculeuses* (1946).

29. Shulamith Firestone, *La Dialectique du sexe*.

30. Aimé Césaire, *Discours sur le colonialisme*.

31. Karl Marx, *Le Manifeste communiste*.

32. Jean-Paul Sartre, no prefácio a Frantz Fanon, *Les Damnés de la terre*.

33. Pierre Hanry, *Érotisme africain*, p. 47.

34. Aimé Césaire, *Et les chiens se taisaient*, p. 70.

35. Aimé Césaire, *Discours sur le colonialisme*, p. 24.

36. Simone de Beauvoir, *Le Deuxième sexe*.

Referências bibliográficas

ADOTEVI, Stanislas Spero. *Négritude et négrologues*. Paris: Union Générale d'Éditions, 1972.

AR-RAZIQ, Ahmad Abd. *La Femme du temps des Mamlouks en Égypte*. Cairo: Instituto Francês de Arqueologia Oriental, 1973.

ATKINSON, Ti-Grace. *Odyssée d'une amazone*. Paris: Des Femmes, 1975.

BASTIDE, Roger. *La Femme de couleur en Amérique Latine*. Paris: Anthropos, 1974.

BEAUVOIR, Simone de. *Le Deuxième sexe*. Paris: Gallimard, 1949. v. 1 e 2. [Ed. bras.: *O segundo sexo*. Rio de Janeiro: Nova Fronteira, 2008.]

_____. *La Femme rompue*. Paris: Gallimard, 1967. [Ed. bras.: *A mulher independente*. 3. ed. Rio de Janeiro: Nova Fronteira, 2024.]

BOUDHIBA, Abdelwahab. *La Sexualité en Islam*. Paris: PUF, 1975.

CÉSAIRE, Aimé. *Discours sur le colonialisme*. Paris: Présence Africaine, 1955. [Ed. bras.: *Discurso sobre o colonialismo*. São Paulo: Veneta, 2020.]

_____. *Et les chiens se taisaient*. Paris: Présence Africaine, 1956.

_____. *Cahier d'un retour au pays natal*. Paris: Présence Africaine, 1971. [Ed. bras.: *Diário de um retorno ao país natal*. São Paulo: Edusp, 2021.]

CHESLER, Phyllis. *Les Femmes et la folie*. Paris: Payot, 1975.

DARDIGNA, Anne-Marie. *Femmes femmes sur papier glacé*. Paris: Maspero, 1974.

DAVIS, Angela. *Autobiographie*. Paris: Albin Michel, 1975. [Ed. bras.: *Angela Davis: Uma autobiografia*. São Paulo: Boitempo, 2019.]

DESALMAND, Paul. *L'Émancipation de la femme en Afrique noire et dans le monde*. Abidjan-Dakar: Nouvelles Editions Africaines, 1977.

DIARRA, Fatoumata-Agnès. *Femmes africaines en devenir: Les femmes zarma du Niger*. Paris: Anthropos, 1971.

DIAWARA, Fodé. *Le Manifeste de l'homme primitif*. Paris: Grasset, 1972.

D'EAUBONNE, Françoise. *Les Femmes avant le patriarcat*. Paris: Payot, 1976.

FANON, Frantz. *Peau noire, masques blancs*. Paris: Seuil, 1952. [Ed. bras.: *Pele negra, máscaras brancas*. São Paulo: Ubu, 2020.]

FANON, Frantz. *Les Damnés de la terre*. Paris: Maspero, 1968. [Ed. bras.: *Os condenados da terra*. Rio de Janeiro: Zahar, 2022.]

FIRESTONE, Shulamith. *La Dialectique du sexe*. Paris: Stock, 1972.

FOUGEYROLLAS, Pierre. *Marx, Freud et la Révolution totale*. Paris: Anthropos, 1972.

FRIEDAN, Betty. *La Femme mystifiée*. Paris: Denoël/Gonthier, 1964.

GREER, Germaine. *La Femme eunuque*. Paris: J'ai Lu, 1975. [Ed. bras: *A mulher eunuco*. Rio de Janeiro: Artenova, 1971.]

GRIAULE, Marcel. *Dieu d'eau*. Paris: Fayard, 1966.

GROULT, Benoîte. *Ainsi soit-elle*. Paris: Grasset, 1975.

_____. *La Part des choses*. Paris: Grasset, 1972.

GROULT, Benoîte; GROULT, Flora. *Le Féminin pluriel*. Paris: Denoël, 1965.

HANRY, Pierre. *Érotisme africain*. Paris: Payot, 1970.

HEGEL, Friedrich. *La Raison dans l'histoire*. Paris: Union Générale d'Éditions, 1971.

KAKE, Ibrahima Baba. *Anne Zingha*. Paris: ABC, 1975.

KENYATTA, Jomo. *Au pied du mont Kenya*. Paris: Maspero, 1960.

KERST, Henri. *La Femme dans la société anglaise*. Paris: Masson et Cie, 1971.

LANTIER, Jacques. *La Cité magique et magie en Afrique noire*. Paris: Fayard, 1972.

LAUDE, Jean. *Les Arts de l'Afrique noire*. Paris: Le Livre de Poche, 1972.

LERNER, Gerda. *De l'esclavage à la ségrégation: Les femmes noires dans l'Amérique des Blancs*. Paris: Denoël/Gonthier, 1975.

LÉVI-STRAUSS, Claude. *La Pensée Sauvage*. Paris: Plon, 1962. [Ed. bras.: *O pensamento selvagem*. Campinas: Papirus, 1990.]

MANCEAUX, Michèle. *Les Femmes du Mozambique*. Paris: Mercure de France, 1975.

MARCIREAU, Jacques. *Histoire des rites sexuels*. Paris: R. Laffont, 1971.

MARX, Karl. *Le Manifeste communiste*. Paris: Gallimard, 1970. Œuvres, Economie I. [Ed. bras.: *O manifesto comunista*. São Paulo: Boitempo, 2000.]

PARTURIER, Françoise. *Lettre ouverte aux hommes*. Paris: Albin Michel, 1968.

_____. *Lettre ouverte aux femmes*. Paris: Albin Michel, 1974.

PAULME, Denise. *Classes d'âge en Afrique de l'Ouest*. Paris: Plon, 1971.

PIZZEY, Erin. *Crie moins fort les voisins vont t'entendre*. Paris: Des Femmes, 1975.

Referências bibliográficas 231

OPHIR, Anne. *Regards féminins*. Paris: Denoël/Gonthier, 1976.

REICH, Wilhelm. *La Révolution sexuelle*. Paris: Union Générale d'Éditions, 1970. [Ed. bras.: *A revolução sexual*. Rio de Janeiro: Zahar, 1968.]

ROUSSEAU, Jean-Jacques. *Essai sur l'origine des langues*. In: *OEuvres complètes de J.-J. Rousseau*. Paris: [s. n.], 1793. v. 6.

ROWBOTHAM, Sheila. *Féminisme et Révolution*. Paris: Payot, 1973.

SAMUEL, Pierre. *Amazones, guerrières et gaillardes*. Bruxelas: Complexe; Grenoble: Presses Universitaires de Grenoble, 1975.

SARTRE, Jean-Paul. *Situations, III*. Paris: Gallimard, 1949.

_____. Preface. In: FANON, Frantz. *Les Damnés de la terre*. Paris: Maspero, 1961.

_____. *Situations, V: Colonialisme et néo-colonialisme*. Paris: Gallimard, 1964.

SENGHOR, Leopold. *Liberté 1*. Paris: Seuil, 1964.

SURET-CANALE, Jean. "La Femme dans la société africaine". *La Vie Africaine: Magazine d'information et de culture du monde noir*, Paris, 1965.

VILLENEUVE, Anne de. "Étude sur une coutume Somalie: Les femmes cousues". *Journal de la société des africanistes*, Paris, 1937.

SERVIÇO SOCIAL DO COMÉRCIO
Administração Regional no Estado de São Paulo

Presidente do Conselho Regional
Abram Szajman
Diretor Regional
Luiz Deoclecio Massaro Galina

Conselho Editorial
Carla Bertucci Barbieri
Jackson Andrade de Matos
Marta Raquel Colabone
Ricardo Gentil
Rosana Paulo da Cunha

Edições Sesc São Paulo
Gerente Iã Paulo Ribeiro
Gerente Adjunto Francis Manzoni
Editorial Clívia Ramiro
Assistente: Maria Elaine Andreoti
Produção Gráfica Fabio Pinotti
Assistente: Thais Franco

Edições Sesc São Paulo
Rua Serra da Bocaina, 570 – 11º andar
03174-000 – São Paulo – SP – Brasil
Tel.: 55 11 2607-9400
edicoes@sescsp.org.br
sescsp.org.br/edicoes
f X ◎ ▶ /edicoessescsp

Copyright © 1978 by Éditions Denoël/Gonthier

Grafia atualizada segundo o Acordo Ortográfico da Língua Portuguesa de 1990, que entrou em vigor no Brasil em 2009.

Título original
La Parole aux Négresses

Capa
Estúdio Daó

Todos os esforços foram feitos para reconhecer os direitos autorais da foto da autora. A editora agradece qualquer informação relativa à autoria, titularidade e/ou outros dados, se comprometendo a incluí-los em edições futuras.

Preparação
Carolina Falcão

Revisão
Angela das Neves
Bonie Santos

Dados Internacionais de Catalogação na Publicação (CIP)
(Câmara Brasileira do Livro, SP, Brasil)

Thiam, Awa
    Com a palavra, as pretas / Awa Thiam ; tradução César Sobrinho —
1ª ed. — Rio de Janeiro : Zahar ; São Paulo : Edições Sesc São Paulo, 2025.
(Biblioteca Africana)

    Título original: La Parole aux Négresses.
    Bibliografia.
    ISBN 978-65-5979-220-7 (Zahar)
    ISBN 978-85-9493-337-9 (Edições Sesc São Paulo)

    1. Antropologia social 2. Ciências sociais 3. Feminismo – Aspectos
sociais 4. Mulheres negras 5. Mulheres negras – Aspectos sociais I. César
Sobrinho. II. Título.

25-255351   CDD-305.42

Índice para catálogo sistemático:
1. Mulheres negras : Aspectos sociais : Sociologia 305.42
Aline Graziele Benitez — Bibliotecária — CRB-1/3129

Todos os direitos desta edição reservados à
EDITORA SCHWARCZ S.A.
Praça Floriano, 19, sala 3001 — Cinelândia
20031-050 — Rio de Janeiro — RJ
Telefone: (21) 3993-7510
www.companhiadasletras.com.br
www.blogdacompanhia.com.br
facebook.com/editorazahar
instagram.com/editorazahar
x.com/editorazahar

Biblioteca Africana
Próximos lançamentos

Análise de alguns tipos de resistência
Amílcar Cabral

Identité et transcendance*
Marcien Towa

Female Fear Factory: Unravelling Patriarchy's Cultures of Violence*
Pumla Dineo Gqola

* Título em português a definir.

ESTA OBRA FOI COMPOSTA POR MARI TABOADA EM DANTE PRO E
IMPRESSA EM OFSETE PELA GRÁFICA PAYM SOBRE PAPEL PÓLEN NATURAL
DA SUZANO S.A. PARA A EDITORA SCHWARCZ EM MAIO DE 2025

A marca FSC® é a garantia de que a madeira utilizada na fabricação do papel deste livro provém de florestas que foram gerenciadas de maneira ambientalmente correta, socialmente justa e economicamente viável, além de outras fontes de origem controlada.